ARTICLES, STATUTS ORDONNANCES ET REGLEMENS

des Gardes Jurés, anciens Bacheliers & Maîtres de la Communauté des Chapeliers de la Ville, Fauxbourgs, Banlieue, Prevôté & Vicomté de Paris.

TIRÉS DES ANCIENS STATUTS DE ladite Communauté, accordés par le feu Roi Henry III. par Lettres Patentes du mois de Mai 1578. registrés au Parlement de Paris le dernier Janvier 1587. confirmés par autres Lettres Patentes du défunt Roi, d'heureuse mémoire, Henry IV. du mois de Juin 1594. & des nouveaux Statuts concedés à ladite Communauté par autres Lettres Patentes du feu Roi Louis XIII. de glorieuse mémoire, du mois de Mars 1612. registrées audit Parlement le 18 Mai 1613.

Par Maistre RENÉ HARENGER, *Avocat en Parlement, & aux Conseils d'Etat & Privé.*

Maîtres Etienne Maugras Procureur en la Cour, Adrien de Musinot, Procureur au Châtelet; du tems de la Jurande de Claude le Page, Jean Chefdeuille, Nicolas Ledreux, & Edme Farcy.

Regristrés en Parlement le 3 Juillet 1658.

ARTICLES, STATUTS ORDONNANCES ET REGLEMENS

Des Gardes Jurés, anciens Bacheliers & Maîtres de la Communauté des Chapeliers de la Ville, Fauxbourgs, Banlieue, Prévôté & Vicomté de Paris.

PREMIEREMENT, afin que les Reglemens ci devant donnés à la Communauté desdits Gardes Jurez, anciens Bacheliers, & Maistres d'icelle, soient precisément suivis, conformément au premier article desdites Ordonnances des mois de May 1578. & Mars 1612. nul ne pourra dorénavant parvenir, acquerir, ni avoir la franchise dudit art, qu'il n'ait auparavant fait son apprentissage chez l'un desdits Maitres reçu en laditte ville, pendant le temps de cinq années entieres, dont il justifiera du Brevet en bonne forme, passé pardevant Notaires du Chatelet; même qu'aprés le temps de son apprentissage il n'ait servi lesdits Maitres quatre autres années entieres, & qu'il ne fasse apparoir de sa fidelité, prud'hommie, bonnes mœurs, & religion Catholique, Apostolique & Romaine, pardevant le Procureur de sa Majesté audit Châtelet, en presence duquel le dit Brevet sera régistré de son Ordonnance, & prendra Lettre domaniale.

II.

Suivant le cinquiéme article desdites Ordonnances du mois de May 1578. nonobstant le sixiéme article de celles du mois de Mars 1612. les Maîtres dudit art ne pourront prendre qu'un Apprenti pour le temps desdites cinq années, ainsi qu'il est cy-dessus prescrit : Et toutefois après qu'il y aura quatre desdites années expirées, il sera en la faculté d'en prendre un autre pour pareil temps de cinq années.

III

Afin de détruire tous les abus que l'experience a heureusement fait découvrir dans le sujet des Apprentis, très-expresses deffenses seront faites ausdits Maîtres de la dite ville & fauxbourgs de Paris d'en passer les Brevets d'apprentissage pardevant Notaires audit Châtelet, qu'en la presence des Gardes jurez de la ditte ville, ou dumoins de l'un d'eux duëment appellé, sans fraude : & ne pourront donner aucunes contre-lettres ou remise desdites cinq années, sous quelque pretexte que ce puisse être ; même ne leur accorderont des gages, comme il a été contradictoirement jugé par Sentence dudit Prevôt de Paris, ou son Lieutenant Civil, du 18. Janvier 1642. à peine de trente livres d'amende applicables en faveur de la Confrairie dudit art, & de privation du pouvoir de faire des Apprentis pendant dix ans.

I V.

Si l'Apprenti pendant le temps de son apprentissage se trouve atteint, convaincu & condamné de quelque crime, vol ou autre delit considerable, le Brevet de son apprentissage demeurera dès à present cassé & revoqué, sans qu'il soit besoin de jugement ni Arrêt plus exprès; ce faisant icelui sera declaré d'echu de la maîtrise dudit art, avec defenses aux Gardes Jurez de l'y faire recevoir, à peine de démission contre eux.

V.

Nul ne pourra avoir des outils dépendans dudit art, s'en servir, ni faire ouverture de boutique, qu'il n'ait fait chef-d'œuvre, bon & suffisant, sçavoir d'un chapeau frisé d'une livre de mere-laine cardée.

teint & garni de velours; & encore d'un autre d'Aignelain François, d'une livre cardé & arſonné, teint & garni de velours; & un autre feûtre leger d'Aignelain François, teint & couvert de velours ou taffetas, qu'il ſera tenu de bâtir, fouler, tondre, & appareiller de tous points bien & dûement : même que leſdits Gardes Jurez n'en ayent avis, & fait leur rapport en juſtice, ſuivant les deuxiémes articles deſdites Ordonnances des mois de May 1578 & Mars 1612.

VI.

D'autant que les Gardes Jurez, anciens Bacheliers, & Maîtres dudit art, ont les premiers financé en l'épargne de ſa Majeſté la ſomme de quatre mille livres, en exécution de la Declaration du mois d'Août 1657, regiſtrée audit Parlement le ſeptiéme Septembre enſuivant, & de l'Arrêt dudit Conſeil d'Etat du vingtiéme dudit mois, pour la ſecourir en la conjoncture des affaires de ſon Etat, nonobſtant le troiſiéme article deſdites Ordonnances du mois de Mars 1612. conformément à ladite déclaration ; Arrêt dudit Conſeil, quittance du Tréſorier de ladite épargne du 24 Octobre de ladite année 1657. & autre Arrêt dudit Conſeil d'Etat intervenu ſur leur Requête ledit jour, nul ne pourra être reçu Maitre dudit art, lever ni tenir boutique ouverte en ladite ville, faubourgs, & banlieue de Paris, en vertu ni ſous pretexte d'aucunes Lettres, ſoit en conſideration d'Avenement à la Couronne des Rois prédeceſſeurs & ſucceſſeurs de ſaditte Majeſté, Majorités, Mariages, Entrées dans les villes du Royaume, Naiſſances des Dauphins, Titres d'Enfans de France, & Premier Prince du Sang, ou de Couronnemens, Entrées, & Regences de Reines, & de toutes autres generalement quelconques pour quelques cauſes, raiſons & moyens que ce puiſſe être, lesquelles sont dès à present cassées, revoquées & annulées par cesdittes presentes en faveur dudit art.

V I I.

Afin que ladite Communauté des Gardes Jurez, anciens Bâcheliers, & Maîtres Chapeliers demeure dans l'estime que l'on a toujours fait de leur art, & empêcher à l'avenir qu'aucunes personnes incapables d'icelui ne s'y établissent, conformément à l'Arrêt dudit Parlement du troisiéme Juillet 1621. rendu entre la Communauté des Maîtres Menuisiers, & les Colonels & Capitaines Suisses, les Maîtres des faubourgs qui peuvent entrer en la maîtrise de laditte ville, trois ans après avoir êté recus Maitres dans lesdits fauxbourgs, & tenu boutiques ouvertes pendant ledit temps, seront obligez de faire chef-d'œuvre dans la Chambre de ladite Communauté, en presence desdits Gardes Jurez: comme aussi à leur égard l'Arrêt contradictoire dudit Conseil d'Etat du trente janvier

1625. ſur la déclaration du feu Roi, de glorieuſe mémoire, du 16 Sept. 1606. ſera entierement exécuté.

VIII

Conformément au troiſiéme article deſdites Ordonnances du mois de May 1578. & au quatriéme article de celles du mois de Mars 1612 les Maîtres dudit art recus en ladite ville pourront tenir des boutiques ouvertes tant en icelle, qu'aux faux-bourgs ou banlieue, à leur choix & option.

IX.

Aux termes des quatre & cinq articles deſdites Ordonnances des mois de May 1578. & Mars 1612. & ſuivant certaine Sentence dudit Prevôt de Paris ou ſon Lieutenant Civil intervenuë en conſequence, tous les fils de Maîtres dudit art y ſeront admis ſans faire chef-d'œuvre, ni experience, & ne payeront aucuns droits auſdits Gardes Jurez; mais ſeront tenus de prêter le ſerment ordinaire entre les mains du

Procureur de ſadite Majeſté audit Châtelet en la preſence deſdits Gardes Jurez.

X.

Et pour maintenir l'ordre de la diſcipline en ladite Communauté, même pour en faire conſerver les interêts par des perſonnes plus experimentées en la connoiſſance des affaires d'icelle, en interpretant les 6. & 7. articles deſdites Ordonnances des mois de May 1578. & Mars 1612. de deux ans en deux ans, en procedant le quinziéme Septembre à la pluralité des voix pardevant le Procureur de ſadite Majeſté au Châtelet à l'élection deſdits Gardes jurez, il ſera dorénavant nommé un ancien Bâchelier, qui ait au précédent exercé ladite charge une ſeule fois, pour conjointement avec les Gardes jurez modernes aprés avoir prêté le ſerment accoutumé exercer ladite charge pendant deux ans, & à cet effet prêter le ſerment entre les mains du Procureur de Sadite

Majesté de bien & dûement obser-ver les presens Articles, Statuts, Ordonnances & Reglemens, de les faire inviolablement exécuter par tous les Maîtres, d'assister aux chef-d'œuvre jusqu'a l'entier accomplissement d'iceux, & de faire toutes visites ordinaires & extraordinaires, si besoin est, chez lesdits Maîtres tant de ladite ville, fauxbourgs, & banlieue, que Prevôté, & Vicomté de Paris, pour des contraventions qu'ils découvriront en faire leurs rapports dans les 24. heures pardevant le Procureur de Sadite Majesté, & en poursuivre la justice jusqu'a jugement diffinitif. Même lesdits Modernes ne pourront être nommez ausdites charges, qu'ils n'ayent dix années complettes de reception. Et seront lesdits Gardes Jurés tenus de faire assembler les anciens Bâcheliers seulement dans les affaires importantes, pour déliberer sur icelles, nonobstant l'Acte du 22. Novembre 1657. à l'égard de l'empéchement sur la nomination d'un ancien Bâchelier, qui sera declaré nul pour ce fait : afin que ladite Communauté soit doré-navant servie avec honneur en tout ce qui concerne ses fonctions, privileges, & franchises, ainsi qu'il est porté par l'avis du Lieutenant Civil, & Procureur de Sadite Majesté audit Châtelet.

X I.

Comme aussi le même jour immediatemeut après l'élection desdits Gardes jurez il sera procedé à la pluralité des voix tous les ans pardevant le procureur de Sadite Majesté au Châtelet ; à la nomination d'un Maître de Confrairie, qui en exercera la charge pendant deux ans, & prêtera serment entre les mains du Procureur de sadite Majesté. Pour l'entretenement de laquelle Confrairie, il sera enjoint à tous les Maîtres de ladite Communauté, aux Compagnons & Apprentis d'icelle de payer annuellement le droit accoutumé en la boëte destinée à cet effet, à peine de trois livres adjugées au profit de ladite Confrairie : Et tous comptes seront rendus pardevant le Procureur de Sadite Majesté audit Châtelet sans frais.

XII.

Suivant les huit articles desdites Ordonnances des mois de May 1578 & Mars 1612. les veuves desdits Maîtres ne jouiront des privileges dudit art que pendant leur viduité seulement, ou si elles ne se remarient à l'un des Maîtres de ladite Communauté.

XIII.

Defenses seront faites ausdits Maîtres de se servir du compagnon de l'un d'entre eux que par son consentement, & pareillement au dit Compagnon de quitter le service de son Maître qu'il ne l'en ait averti un mois auparavant, afin qu'il s'en puisse pourvoir d'un autre ; & ledit Compagnon ne pourra se mêler du negoce des chapeaux que pour son Maître seulement, à peine de quinze livres d'amende contre tous contrevenans, le quart reservé à sadite Majesté, & le surplus ausdits Gardes Jurez.

X I V.

La condition des pauvres Maîtres est si sensible, qu'il leur sera permis lorsqu'ils ne pourront faire le trafic des marchandises neuves, d'acheter & revendre tous vieux chapeaux, à condition de renoncer au préalable en Justice, & en la presence desdits Gardes jurez, à travailler en neuf, ni tenir boutiques ouvertes; mais seulement travailler en vieux en chambre ou autres lieux; pour debiter aux places designées par Justice, à peine de confiscation, & d'amende, sans qu'il leur soit aucunement loisible d'avoir outils servans au neuf: Et lorsqu'ils voudront quitter le vieux, ils le pourront faire pour reprendre le nouveau, en le denonçant aussi à Justice en la presence desdits Gardes jurez, suivant le dixiéme article desdites Ordonnances du mois de Mars

1612. Ausquels pauvres Maitres sera pareillement défendu l'option du neuf au vieux qu'après six années de réception en la maîtrise, pourvû que pendant icelles ils ayent tenu boutique ouverte, & vendu le neuf.

X V.

Conformément aux onziémes articles desdites Ordonnances des mois de May 1578. & Mars 1612. pour arrêter le cours de tous abus, & remédier au malheur des maladies contagieuses, lesdits pauvres Maîtres qui auront fait l'option du vieux, après avoir acheté de vieux chapeaux, avant que de les vendre auront soin de les nettoyer, dégraisser bien & dûëment, & lessiver en boüillon de teinture pour en corriger tout le mauvais air à peine de grande amende & de punition exemplaire.

X V I.

Ayant égard aux 11. & 12. articles desdites Ordonnances des mois de May 1578. & Mars 1612. il sera permis aux Maitres de la dite Communauté qui vendent du neuf, de raccommoder les chapeaux des bourgeois, & autres personnes qu'ils servent ordinairement, à la charge de mettre par écrit sur leurs livres journaux les noms de ceux qui lesleur auront donnez à accommoder, avec un écrit audit chapeau, contenant le nom de celui auquel il appartient; & n'exposeront lesdits chapeaux en lieu de vente lors qu'ils seront raccommodez: avec deffenses tres expresses de faire teindre aucuns vieux chapeaux, ni de les faire garnir pour les vendre, à peine de trois livres d'amende. Lesquels Maîtres pourront toutefois prendre en échange les vieux chapeaux des bourgeois & autres, pour les vendre, sans les raccommoder, ausdits pauvres Maîtres qui auront optez le vieux, & non à d'autres, sous pareille peine.

XVII.

Lesdits Gardes jurez feront visites chez lesdits pauvres Maîtres qui auront fait option du vieux, pour empêcher leurs contraventions; ils en feront leurs rapports pardevant le Procureur de sa Majesté audit Châtelet, & en poursuivront incessamment la punition, ainsi qu'il est porté par le treiziéme article desdites Ordonnances des mois de May 1578, & Mars 1612. sans que lesdits pauvres Maîtres puissent tenir boutique, ni étalages, soit avec cages ou autrement.

XVIII.

Un Maître dudit art ne pourra donner son Apprenti à un autre Maître, qu'en cas de nécessité, ou autre accident inopiné, par l'ordre desdits Gardes jurez, qu'il sera tenu de voir à cet effet; & qui pourvoiront d'un autre Maître audit Apprenti, auquel icelui tiendra lieu d'apprenti, jusqu'à ce qu'il ait parfait le temps de son apprentissage, suivant le XII Article desdites Ordonnances du mois de may 1578. confirmé par le XIV Article de celles du mois de Mars 1612. Et aucuns desd. Maitres ne pourront mettre en besogne ni avoir pour compagnon aucun enfant des Marchands dedehors, mais ſeulement comme Apprenti, & non autrement, à peine de cent livres d'amende.

XIX.

Conformément au treiziéme article deſdites Ordonnances du feu Roy Henry III. du mois de May 1578 & au 15. article de celles du defunt Roy du mois de Mars 1612. ſi un Maître ayant Apprenti vient à decéder, il achevera ſous ſa veuve le tems de ſon apprentiſſage ſeulement, & après lequel temps elle n'en pourra prendre d'autre; mais il lui ſera loiſible de transporter le droit d'apprentiſſage à un autre Maître dudit art, qui lui tiendra lieu d'Apprenti après en avoir donné avis auſdits, Gardes Jurez,

XX

Afin que les peuples ſoient fidelement ſervis dans le beſoin qu'ils ont des ouvrages dudit art, tant pour ſe garantir des injures du temps, que pour entretenir la ſanté de leurs corps par le ſecours favorable d'un bon chapeau, lesdits Maîtres mettront un œuvre des laines parfaites d'Aignelins tondus en saison, sans pouvoir employer aucunes étoffes deffectueuses, laines pourries, ou autres mauvaises denrées, ainsi qu'il est précisément declaré par le 14. article desdites Ordonnances du mois de May 1578. & le 16 article de celles du mois de Mars 1612. à peine de soixante livres d'amende, & de Confiscation en faveur desdits Gardes jurez.

XXI.

Nul Maître ne pourra teindre, ni faire teindre son ouvrage en bourre, en feüille, ni en autre mauvaise teinture, & lui sera permis de le teindre ou faire teindre par les Maîtres de ladite ville & faubourgs seulement, & non par autres, en teinture loyale, marchande, & propre pour les feutres & chapeaux, à peine de pareille amende, & confiscation que dessus, comme il est porté par les 15. & 17. articles desdites Ordonnances des mois de May 1578. & Mars 1612 que ſuivant l'Arrêt dudit Parlement du 8. juillet 1634.

XXII.

Pour prévenir le deſordre que la facilité d'aucuns Maîtres dudit art a inſenſiblement introduit au déſavantage de ladite Communauté, il leur ſera deſendu de teindre, faire teindre, ni apprêter aucuns chapeaux, tant en noir que gris, ou autres couleurs, pour autres que pour les Maîtres Chapeliers de laditte ville & fauxbourgs de Paris, même de prêter leurs noms & marques aux Chapeliers & Marchands forains, ni aux Marchands de laditte ville & faubourgs, & à tous autres, à peine de cent livres d'amende, & confiſcation en faveur deſdits Gardes jurez pour la premiere fois; & en cas de contravention leurs boutiques demeureront fermées pour ſix mois, en vertu des preſentes, ſans qu'il ſoit beſoin de jugement, Arrêt ni condamnation plus expreſſe.

XXIII.

Suivant le seiziéme article desdites Ordonnances du mois de May 1578. confirmé par le 18. article de celles du mois de Mars 1611. les Maîtres dudit art pourront couper ou faire couper, carder ou faire carder bien & dûëment les laines, castors & étoffes qu'ils mettent en œuvre par qui bon leur semblera : sans qu'autres que lesdits Maitres s'en puissent mêler ni prendre connoissance ; avec defenses à toutes personnes d'en couper, faire couper, carder, ou faire carder ailleurs que chez les Maîtres dudit art, à peine de punition exemplaire : à l'effet de quoy lesdits Gardes jurez feront incessamment toutes visites nécessaires.

XXIV.

Ayant aucunement égard, & en interprétant le dixhuitiéme article desdites Ordonnances du feu Roy Henry III. du mois de May 1578. ensemble le dixneuviéme article de celles du defunt Roy du mois de Mars

1611. il sera enjoint à tous Marchands forains, & autres qui ameneront ou feront venir en icelle des chapeaux pour les vendre, de les faire apporter directement, & lors de leur arrivée, en la chambre de ladite Communauté, pour, suivant l'Arrêt intervenu audit Parlement de Paris le 28. juin 1555. & Sentence depuis donnée audit Châtelet le 10 Octobre 1590. y être vûs & visitez & en ôter les mauvais d'avec les bons par lesdits Gardes jurez, ausquels sera payé de chacune douzaine six deniers tournois pour le droit de visite : Et en cas qu'aucuns des Maîtres dudit art en eussent fait achapt sans avoir été visitez, ou que lesdits Marchands ne les eussent fait porter en ladite Chambre, tous contrevenans seront dès à présent condamnés en quinze livres d'amende en faveur desdits Gardes Jurés.

XXV.

Conformément aux 18 & 20e articles desdites Ordonnances des

mois de Mai 1578 & mars 1612. défenses & inhibitions très-expresses sont faites ausdits Marchands forains & autres de vendre en ladite ville & fauxbourgs, les chapeaux que lesdits Gardes Jurés auront trouvés mauvais, qu'ils auront mis à part & qu'ils auront marqués, à peine contre le vendeur & l'acheteur de vingt livres d'amende en faveur desdits Gardes jurez

XXVI.

Pour en quelque façon satisfaire aux 18. & 21e. articles desdites Ordonnances des mois de Mai 1578. & Mars 1612 & en interprêtant iceux pour le bien des sujets de Sadite Majesté, lesdits Gardes Jurés seront tenus, six heures après l'arrivée desdits chapeaux en ladite Chambre, d'en faire la visite, & d'en donner avis par le Clerc de ladite Communauté à tous les Maîtres d'icelle pour les acheter, les lottir, & en prendre au prix qui en sera fait par l'un desdits Maîtres.

XXII.

XXVII.

Aux termes exprès des 18 & 22e. articles desdites Ordonnances des mois de May 1578. & Mars 1612. lesdits Marchands ne pourront faire transporter de ladite Chambre commune lesdits chapeaux, quoiqu'ils eussent été visités par l'esdits Gardes Jurés, que 24 heures après l'avis donné ausdits Maîtres, à peine de quinze livres d'amende, moitié au profit de Sadite Majesté, & le surplus en faveur desdits Gardes Jurés: après lequel tems de vingt-quatre heures, lesdits Marchands pourront disposer desdits chapeaux, les faire porter où bon leur semblera, & en faire le débit.

XXVIII.

Il sera permis à tous les Maîtres dudit art de ladite ville & fauxbourgs de Paris, d'aller ou faire acheter toutes sortes de marchandises & étoffes dépendantes d'icelui, & propres à faire des chapeaux, dans toute l'étendue du Royaume, même au Pays étrangers, & en tous lieux que bon leur ſemblera ; & les faiſant venir à leurs riſques ; elles ne ſeront point lotties à ladite Communauté ; mais ſeulement ſeront viſitées par leſdits Gardes Jurés, ſuivant les 20 & 23e. articles deſdites Ordonnances des mois de Mai 1578 & Mars 1612. & à la Sentence du Prévôt de Paris, du 16 Janvier 1655. confirmée par Arrêt dudit Parlement du 18 Mai 1657.

XXIX

A l'imitation du feu Roi Henri III. par le 22 article de ſes Ordonnances dudit mois de Mai 1578. ſuivies de l'intention du défunt Roi par le 24. article de ſes Ordonnances dudit mois de Mars 1612. nul des Maîtres de ladite Communauté ne devra rien d'aucunes choſes qu'il vend dépendantes dudit art.

XXX.

Les 20 & 25 articles deſdites

Ordonances des mois de Mai 1578 & Mars 1612, ont été si judicieusement prescrits, que conformément à iceux il sera très-expressément défendu aux Maîtres dudit art, de colporter ni faire colporter les ouvrages dépendans d'icelui par ladite ville, fauxbourgs & banlieue de Paris, pour les vendre dans les rues, hôtelleries, chambres garnies, ou autres lieux, à peine de confiscation, & de soixante liv. d'amende, moitié réservée à Sadite Majesté, & le surplus ausdits Gardes Jurez.

XXXI.

Si quelques ouvrages de fausses étoffes sont trouvés dans les maisons de quelques uns desdits Maîtres, ils seront confisqués, & les délinquans condamnés en cent livres d'amende, applicable comme dessus, ainsi qu'il est porté par le 23e. article desdites Ordonnances du mois de May 1578.

XXXII.

Nul Maître ne pourra donner aucunes étoffes pour faire des chapeaux, ni même pour les garnir, à autres qu'aux Maîtres reçus en ladite ville, ou aux veuves d'iceux, à peine de dix livres d'amende.

XXXIII.

En interpretant les 24 & 27e. articles desdites Ordonnances des mois de Mai 1578 & Mars 1612. lesdits Maîtres ne pourront faire aucuns chapeaux dits castors qu'ils ne soient de purs castors, sans y pouvoir mêler autres étoffes, & en cas qu'ils s'y rencontre aucun mélange, ils seront brûlez, & l'ouvrier condamné en cent livres d'amende applicable comme dessus.

XXXIV.

Suivant les 26 & 28e articles desdites Ordonnances des mois de Mai 1578 & Mars 1612. nul desdits Maîtres ne pourra travailler, ni exposer en montre ou étalage des chapeaux aux jours de Dimanches

& autres Fêtes commandées par l'Eglise, à peine de trois livres d'amende adjugée à la Confrairie deladite Communauté.

XXXV.

Comme le feu Roi Henri III. par le 27e. article de ses Ordonnances du mois de May 1578. & le défunt Roi de glorieuse mémoire par le 29e. article de celles qu'il a données en faveur de ladite Communauté au mois de Mars de ladite année 1612. ont desiré gratifier ceux qui épousent des veuves, ou des filles desdits Maîtres; aussi en cas qu'un Compagnon après avoir fait son apprentissage de cinq ans, & les quatre années de service se marie avec la veuve, ou la fille de l'un desdits Maîtres, il fera seulement pour experience l'un des trois chapeaux qui lui sera ordonné par lesdits Gardes Jurez en charge, en présence du Procureur de Sa Majesté audit Chatelet.

XXXVI.

Aux termes des 28 & 30e. articles desd. Ordonnances des mois de Mai 1578 & Mars 1612. tous les Maîtres dudit art pourront picquer ou faire les chapeaux de soye, ou de laine à court & long poil, selon l'usage & commodité du temps, & autres étoffes, bonnes, loyales & marchandes.

XXXVII.

Même en consideration des 29 & 31 articles desdites Ordonnances des mois de Mai 1578. & Mars 1612. les fils des fils ou des filles de Maîtres, qui ne seront point dudit art, après avoir fait leur apprentissage de cinq ans demeureront dispensez des quatre années de service chez lesdits Maîtres, & ne feront pour tout chez-d'œuvre que le chapeau frisé, & feûte d'Aignelain couvert de velours ou de taffetas.

XXXVIII.

Et enfin les quatre Gardes Jurés

dudit art seront dorénavant exemts de toutes comissions de ville & de Justice, tant ordinaires qu'extraordinaires, pendant le tems qu'ils seront en charge, seulement afin qu'ils puissent plus assiduement vacquer aux affaires de ladite Communauté, en faire supprimer tous les abus, & resister aux entreprises de ceux qui en envient le negoce.

EXTRAIT DES REGISTRES *du Conseil Privé du Roi.*

SUR la Requête présentée au Roi en son Conseil par les Gardes Jurés, anciens Bacheliers, & Maîtres de la Communauté des Chapeliers de la ville, fauxbours, banlieue, Prévôté & Vicomté de Paris : contenant, que comme les Statuts dont ils ont été honorés par le feu Roi Henri III. au mois de

Mai 1578. confirmé par Henri IV. ayeul de Sa Majesté au mois de Juin 1594. & depuis réformé par le feu Roi de glorieuse mémoire son pere au mois de Mars 1612. ne peuvent plus entretenir le repos de leur Communauté, si sur iceux Sadite Majesté ne leur en donne de nouveaux, couformes à l'usage, l'experience & l'industrie que la présence du temps a heureusement produit entr'eux. Pour ces causes requeroient qu'il lui plut, sans s'arrêter à certain empêchement du 22 Novembre 1657. leur faire la grace de les gratifier de ceux qu'elle a eu la bonté de faire rediger par écrit en 38, articles, qu'ils promettent exécuter selon leur forme & teneur. VU PAR LE ROY en son Conseil, ladite Requête signée le Page, Chefdeville, Ledreux, & Farcy, Gardes Jurés en charge, & Harenger Avocat de ladite Communauté. Lesdits Statuts des mois de Mai 1578 & Mars 1612. ceux dressez sur les precedens par ledit Haranger. Consentement de laditte Communauté pour l'exécution d'iceux, passé pardevant de Monhenault, & le Bert Notaires audit Châtelet le 22 dudit mois de Novembre 1657. dans lequel est inseré ledit empêchement, à l'égard du dixiéme desdits articles, sur le fait seulement de l'élection d'un ancien Bachelier à la Jurande de deux en deux ans; & autres pieces attachées à ladite Requête; OUY le rapporter d'icelle par le sieur le Boulanger, Conseiller de Sadite Majesté en ses Conseils, & Maîtres des Requêtes ordinaire de son Hôtel, Commissaire à ce député; & tout consideré, LE ROY EN SON CONSEIL a renvoyé & renvoye ladite Requête, & lesdits Statuts au Prévôt de Paris, ou son Lieutenant Civil, & Procureur de Sa Majesté au Châtelet, pour donner avis à Sadite Majesté sur ladite Requête & Statuts, & icelui vû & rapporté audit Conseil, être pourvu aux Supplians, ainsi que de raison. Fait au Conseil Privé du Roi, tenu à Paris le 11 Janvier 1658.

Signé, DEMONS.

VEU par nous Dreux Daubray Conseiller du Roi en ses Conseils, Lieutenant Civil en la Prévôté & Vicomté de Paris, & Armand-Jean de Riantz aussi Conseiller du Roi en ses Conseils, & Procureur du Roi au Châtelet dudit lieu; l'Arrêt du Conseil du onziéme Janvier mil six cens cinquante huit, par lequel Sa Majesté nous auroit renvoyé la Requête & Statuts à elle présentés par les Gardes Jurés, anciens Bacheliers, & Maîtres de la Communauté des Chapeliers de la ville, fauxbourgs, banlieue, Prévôté & vicomté de Paris, pour lui donner notre avis ſur le contenu en iceux : Leſdits nouveaux Statuts preſentés à Sa Majeſté par leſdits Chapeliers, contenant trente-huit articles, les anciens Statuts deſdits Chapeliers du ſeptiéme Mai 1578. autre Statuts deſdits Chapeliers du mois de Mars 1612. les Arrêts de la Cour ; nos Sentences, & autres pieces mentionnées dans leſdits nouveaux

Notre avis eſt ſous le bon plaiſir du Roi, que Sa Majeſté peut accorder auſdits Maîtres Chapeliers leſdits nouveaux Statuts, contenans trente-huit articles, par eux préſentés à Sa Majeſté, comme étant iceux très-utiles à ladite Communauté, & n'y ayant rien de contraire à l'intérêt public. Fait ce 26 Janvier 1658 *Signé*, DAUBRAY, ET DE RIANTZ.

LOUIS PAR LA GRACE DE DIEU ROI DE FRANCE ET DE NAVARRE, A tous preſens & à venir

Salut. Nos chers & biens amés les Gardes Jurés, anciens Bacheliers, & Maîtres de la Communauté des Chapeliers de notre bonne ville, fauxbourgs, banlieue, Prévoté & Vicomté de Paris, nous ont très-humblement fait remontrer qu'ils ont découvert l'excellence de leur art, jusques au point que toutes les Nations recherchent la societé de leur commerce, d'autant plus utile à notredite ville, même en toute l'étendue de notre Royaume, que la plus grande partie de nos peuples y trouvent les principaux moyens de faire heureusement subsister leurs familles: Mais que la conjoncture des temps a fait naître des modes toutes nouvelles dans le sujet de leurs manufactures, pas moins avantageuses qu'elles sont necessaires, que l'usage commun a fait perdre l'exercice des anciennes façons, & que la délicatesse de leurs inventions détruit toutes les manieres que leurs predeceſſeurs leur ont enſeignées. Si bien que les Statuts, dont le feu Roi Henri III. les a autrefois gratifiés, ſuivant les Lettres patentes du mois de Mai 1578 regiſtrées en notre Parlement de Paris le dernier Janvier 1587. confirmés par autres Lettres patentes de notre ayeul Henri IV. du mois de Juin 1594. quoique réformés par ceux que le défunt Roi de glorieuſe mémoire, notre très-honoré Seigneur & Pere leur a concedé par ces Lettres patentes du mois de Mars 1612. pareillement regiſtrées en notredit Parlement le 18 Mai 1613. ne peuvent à préſent procurer le repos de leur trafic, ni entretenir la fidelité que nous en avons ſouhaitée; & qu'il ſeroit neceſſaire que nous leur vouluſſions accorder ceux qu'ils ont fait dreſſer, conformément à ce qui ſe pratique pour le bien de nos ſujets, nous le requerans très-humblement. A CES CAUSES, après avoir renvoyé par Arrêt de notre Conſeil du onziéme janvier à notre Prévôt de Paris, ou ſon Lieutenant Civil, & à notre Procureur au Châtelet dudit lieu, leſdits articles, Statuts, Ordonnances & Reglemens dreſſés ſur ceux des mois de May 1578. & Mars 1612. en faveur des expoſans, pour nous donner leur avis ſur iceux; même qu'il nous eſt apparu d'un conſentement général pour l'exécution entiere que nous en deſirons, paſſé pardevant Notaires de notredit Châtelet le 22 Novembre 1657. & afin de les obliger de garder leur fidelité, d'employer leur experience, & de s'étudier en des perfections nouvelles pour les manufactures de leurs ouvrages: De l'avis de notre Conſeil: qui a vu l'Ordonnance d'icelui du 21 Avril 1578. portant renvoi deſdits anciens Statuts audit Prévôt de Paris, ou ſon Lieutenant Civil, pour notre Procureur audit

Châtelet appellé, donner avis sur iceux : Leur avis du 7 Mai en suivant, que lesdits Statuts pourront être homologués ; Lettres patentes délivrées en conséquence par le feu Roi Henri III. le même mois ; autres Lettres du 17 Octobre 1584. par lesquelles il est enjoint qu'il sera procedé à l'enregistrement desdits Statuts, nonobstant la surannation des precedentes Lettres ; l'Arrêt d'enregistrement en notredit Parlement du dernier Janvier 1587. Lettres de Confirmation du Feu Roi Henri IV. du mois de Juin, 1594. L'Arrêt de notre Conseil d'Etat, avec commission sur icelui du 30 Juillet 1611. par lequel les Statuts nouvellement dressez alors furent renvoyez à notredit Prévôt de Paris ou son Lieutenant Civil, pour s'ils étoient trouvés raisonnables, les accorder à ladite Communauté ; Lettres de concession d'iceux par le feu Roi de glorieuse mémoire, notre très-honoré Seigneur & pere du mois de Mars 1612, régiſtrées en notredit Parlement le 18 Mai 1613. Sentence d'enregiſtrement en notredit Châtelet, du conſentement de notre Procureur en icelui, du 10 Juin en ſuivant; Quittance de la ſomme de quatre mil livres que leſdits expoſans ont payé en nos Parties Caſuelles le 3 Février 1644 pour le droit de confirmation qu'ils nous devoient, à cauſe de notre avenement à la Couronne; autre quittance de pareille ſomme de quatre mil livres qu'ils ont payées en notre épargne le 24 Octobre 1657. en exécution de notre Déclaration du 20 Août precedent, regiſtrée en notredit Parlement le 4 Septembre en ſuivant, & de l'Arrêt de notredit Conſeil d'Etat du 20 dudit mois, pour jouir du benefice de la diſpenſe & exemption de recevoir dorénavant aucun Maître de leur art, ſur les Lettres qui avoient coutume d'être accordées en considération des avenemens des Rois à la Couronne, Majorités, Mariages, Entrées dans les Villes, Naissances de Dauphins, Enfans de France, & Premier Prince du Sang; même pour les Couronnemens, Entrés & Regences des Reines, & de toutes autres pour quelque cause & occasion que ce soit. L'Acte du consentement général de ladite Communauté du 22 Novembre ensuivant, pour l'exécution entiere des Statuts, que nous avons fait rediger en trente-huit articles, en faveur desdits exposans: Iceux Statuts, avec les Sentences, Jugemens & Arrêts justificatifs du contenu dans les articles d'iceux: l'Arrêt de notredit Conseil du 11 dudit mois de Janvier dernier, par lequel nous les avons renvoyés à notredit Prévôt de Paris, ou son Lieutenant Civil, & à notre Procureur audit Châtelet, pour nous donner leur avis sur iceux, & ledit avis du 26 ensuivant, le tout cy attaché sous le contrescel de notre Chancellerie ; De notre grace speciale, pleine puissance & authorité Royale, NOUS par ces presentes signées de notre main, avons dit, statué & ordonné, disons ; statuons & ordonnons, voulons & nous plaît que lesdits statuts soient dorénavant exécutés selon leur forme & teneur. SI DONNONS, en mandement à nos amés & feaux Conseillers les Gens tenans notre Cour de Parlement de Paris, Prévôt dudit lieu, ou son Lieutenant, & autres qu'il appartiendra, que cesdites presentes il fasse lire, publier & registrer, icelles observer & garder de point en point, selon leur forme & teneur, & lesdits exposans jouir & user pleinement & paisiblement desdits Statuts à toujours & perpétuellement ; contraignans de ce faire, souffrir & obéir tous ceux qu'il appartiendra, nonobstant tous Edits, Ordonnances, Arrêts, Reglemens, restrictions, mandemens, deffenses, & Lettres à ce contraires, auxquelles & aux dérogatoires des dérogatoires nous avons dérogé, & dérogeons par cesdites presentes : aux copies desquelles collationnées par l'un de nos Conseillers Secretaires, Maison & Couronne de France & de nos Finances, nous voulons que foi soit ajoutée comme à l'original. & afin que ce soit chose ferme & stable à toujours, nous avons fait mettre notre scel à cesdites presentes, sauf en autres choses notre droit, & l'autrui. Donné à Paris au mois de Mars l'an de grace 1658. & de notre regne le quinze. *Signé*, LOUIS, & sur le repli, par le Roi, PHELIPEAU, & à côté VISA, & scellé sur lacès de soye du grand Sceau de cire verte.

Et sur ledit repli est encore écrit.
Registrées, oui le Procureur Général

du Roi, pour être exécutées, & jouir par les impetrans de l'effet & contenu en icelles, suivant l'Arrêt du 6 Juin 1658. A Paris, en Parlement le troisiéme jour de Juillet audit an 1658. Signé, DU TILLET.

EXTRAIT DES REGISTRES de Parlement.

ENtre les Gardes jurez, anciens Bacheliers & Maîtres de la Communauté des Chapeliers de cette ville, faubourgs, banlieuë, Prevôté & Vicomté de Paris, demandeurs en enregistrement des Statuts, Ordonnances & Reglemens en forme de confirmation à eux accordez par sa Majesté par ces Lettres patentes du mois de Mars 1658. suivant la Requête par eux presentée à la Cour le vingt neuviéme dudit mois de Mars audit an mil six cens cinquante-huit.

Et defendeurs d'une part : Et les Chapeliers des fauxbourgs S. Germain des Prez, & S. Marcel les Paris, defendeurs & opposans à l'enrégistrement & verification desdits Statuts, suivant les actes tant inserez sur le Registre du Procureur Général du Roy, que signification à Maître Etienne Maugras Procureur desdits Chapeliers, & que faisant droit sur la dite opposition, l'article sept desdits Statuts, Ordonnances & Reglemens, par lequel il est dit, que pour empêcher à l'avenir qu'aucune personne incapable dudit métier s'établisse en cette ville, que conformément à l'Arrêt de ladite Cour du 3 Juillet 1621. rendu entre la Communauté des Maîtres Ménuisiers, & les Colonels & Capitaines Suisses, les Maîtres des Faubourgs qui peuvent entrer en la Maîtrise de ladite ville, trois ans après avoir été reçus Maîtres esdits fauxbourgs, & tenu boutique ouverte pendant ledit tems, feront tenus de faire chef-d'œuvre en la chambre de ladite Communauté, en prefence defdits Gardes Jurés; comme aussi à leur égard, que l'Arrêt du Confeil d'Etat du 30 Janvier 1625, fur la Déclaration du feu Roi d'heureufe mémoire, du 16 Septembre 1606. feront exécutés felon leur forme & teneur, & en conféquence fans avoir égard à icelui, ils jouiroient de leur privilege & entreroient à leur tour Maître en cette ville de Paris, fuivant les Edits, Déclarations, Arrêt de la Cour du 20 Juillet 1647, fans être tenus de faire aucun chef-d'œvre ni experience : d'autres fans que les qualités puiffent préjudicier aux parties. Après que Raguenau Avocat pour les demandeurs en verification des Statuts, & Ravier Avocat pour les defendeurs & oppofans, ont dit avoir communiqué de la Caufe au Parquet des Gens du Roi; & par leur avis être demeuré d'accord, sous le bon plaisir de la Cour, de l'appointement par l'un d'eux recité. Talon pour le Procureur Général du Roi, oui : LA COUR, sans avoir égard à l'opposition desdits Chapeliers des fauxbourgs Saint Germain, & Saint Marcel, a ordonné & ordonne, qu'il sera passé outre à l'enregistrement & verification desdits articles Statuts, Ordonnaces & Reglemens, pour être gardés & observés ; & néanmoins que l'article sept sera réformé, ce faisant, que les Maîtres reçus esdits faubourgs, qui voudront aspirer à la maitrise de la ville, seront tenus dans un mois pour toutes prefixions & delais, de se presenter pour faire ensemble & en une seule fois legere experience, & sans frais, en la presence du Substitut du Procureur Général du Roi au Châtelet, l'un des Jurés, ensemble l'un des anciens Bacheliers de la ville :

autrement & à faute de ce déchûs d'y pouvoir parvenir en vertu du present Arrêt. A ordonné & ordonne qu'à l'avenir aucun Maître desdits fauxbourgs ne pourra prendre qu'un Apprenti, qui s'obligera pour quatre ans au moins, & lequel Aprenti sera tenu de servir les Maîtres desdits faubourgs, trois années au moins après son tems d'apprentissage expiré, avant qu'il puisse être reçu Maître esdits faubourgs, & qu'ils seront tenus representer & certifier ausdits Jurés lors de leurs receptions esdits faubourgs; & qu'ausdites receptions & chef-d'œuvres, l'un des Jurés & Gardes de ladite ville, & un ancien Bachelier seront appellés pour y assister sans frais. Quoi faisant & satisfaisant au present Arrêt, seront deux des plus anciens Maîtres desdits faubourgs admis par chacun an à la maîtrise de ladite ville, conformément à l'Arrêt du 20 Juillet 1647, & à faute

de

de ce faire en demeureront pareillement déchus. Et sera le présent Arrêt lû & publié en la chambre dudit Substitut du Procureur Général au Châtelet, & affiché par tout où besoin sera. Fait en Parlement le 6 Juin 1658.

Signé, GUYET.

EXTRAIT DES REGISTRES de Parlement.

VEu par la Cour les Lettres patentes du Roi, données à Paris au mois de Mars 1658, signées LOUIS, & sur le repli, par le Roi, PHELYPEAU, & scellées sur lacès de soye du grand sceau de cire verte, obtenues par les Gardes Jurés, anciens Bacheliers & Maîtres de ladite Communauté des Chapeliers de cette ville, fauxbourgs, banlieue, Prévoté & Vicomté de Paris : par lesquelles le dit Seigneur auroit dit, ſtatué & ordonné, veut & lui plaît, que les Statuts & articles nouvellement dreſſez par leſdits Maîtres Chapeliers ſur le fait de leurdit métier, ſoient dorénavant exécutés ſelon leur forme & teneur, ainſi qu'il eſt porté par leſdites Lettres à la Cour adreſſantes. Vû auſſi leſdits Statuts tant anciens que nouveaux. Diverſes Lettres de confirmation d'iceux des mois de Mai 1560. & 18 Juin 1594. Mars 1612. regiſtrées en la Cour les dernier Janvier 1587, & 18 Mai 1613, pluſieurs Arrêts du Conſeil & de la Cour, & Sentence du Prévôt de Paris, intervenus en faveur deſdits Impetrans ſur le fait de leurdit métier. Avis du Lieutenant Civil, & du Subſtitut du Procureur Général du Roi audit Châtelet en conſéquence de l'Arrêt du Conſeil du 11 Janvier 1658. ledit avis du 26 Janvier, enſuivant, donné les 38 articles nouvellement rédigés par leſdits Maîtrs Chapeliers, & autres pieces attachées sous le contrescel desdits Lettres, Arrêts de ladite Cour du 6 Juin dernier, inte venu sur l'opposition formée à la verification desdites Lettres & enregistrement desdits Statuts par les Chapeliers des fauxbourgs S. Germain des Prez, & S. Marcel lès Paris, portant que sans avoir égard à ladite opposition, il seroit passé outre à l'enregistrement desdits Statuts, Ordonnances & Reglemens pour être gardés & observés; & néanmoins que l'article sept seroit réformé, ce faisant, que les Maîtres reçus esdits faubourgs qui voudroient aspirer à la maîtrise de ladite ville seroient tenus dans un mois, pour toutes prefixions & delais, de se presenter pour faire ensemblement & en une seule fois legere experience & sans frais en la presence dudit Substitut au Châtelet, l'un des Jurés, ensemble l'un des anciens

Bacheliers de la ville, autrement; & à faute de ce déchus d'y pouvoir parvenir en vertu dudit Arrêt. Ordonné qu'à l'avenir aucun Maître desdits faubourgs ne pourroit prendre qu'un Apprenti qui s'obligeroit quatre ans au moins, & lequel Apprenti seroit tenu de servir les Maîtres desdits faubourgs trois ans au moins après son tems d'apprentissage expiré, avant qu'il puisse être reçu Maître esdits faubourgs, & ce qu'ils seroient tenus representer & certifier ausdits Jurés lors de leurs receptions esdits faubourgs; & qu'ausdites receptions & chef-d'œuvre l'un des Jurés & Gardes de ladite ville, & un ancien Bachelier seroient appellés pour y assister sans frais; quoi faisant, & satisfaisant audit Arrêt, seroient 2 des plus anciens Maîtres desdits faubourgs admis par chacun an à la maitrise de ladite ville, conformément à l'Arrêt du vingtiéme Juillet mil six cent quarante ſept, & à faute de ce faire, en demeureront pareillement déchûs; & feroit ledit Arrêt lû & publié en la chambre dudit Subſtitut audit Châtelet, & affiché par tout où beſoin feroit. La Requête préſentée par leſdits Gardes Jurés, anciens Bacheliers, & Maîtres de la Commun. des Mes Chapell. de ladite ville, afin d'en regiſtrement deſdites Lettres & Statuts. Concluſions dudit Procureur Général du Roi. Oui le rapport de M. Charles Perrot, Conſeiller en ladite Cour: Tout conſideré. LADITE COUR, a ordonné & ordonne, que leſdits Lettres & Statuts ſeront regiſtrés au Greffe d'icelle, pour être exécutés, & jouir par les impetrans de l'effet & contenu en iceux ſuivant & conformément à l'Arrêt d'icelle du 6 Juin dernier. Fait en Parlement le 3 Juillet 1658.

Signé, DU TILLET.

L'*An mil ſix cent cinquante-huit le* 27e. *jour d'Août à la Requête des*

Gardes Jurés de la Commun. des Maî-tres Chapeliers de cette ville de Paris, j'ai Huissier soussigné baillé & laissé copie des Statuts, Ordonnance, & Arrêts ci-devant transcrits, à

Maître Chapelier, à ce qu'il n'en ignore, & n'ait à y contre-venir sur les peines y portées.

SENTENCE DE POLICE,

QUI défend aux Compagnons dudit Corps aucune assemblé de Confrairie, ni s'ingerer de placer les Compagnons chez les Maîtres.

A Tous ceux qui ces présentes Lettres verront : Charles-Denis de Bullion, Chevalier Conseiller du Roi en ses Conseils & Prevôt de Paris. Salut, sçavoir faisons, que sur la Requête faite en jugement devant Nous en la Chambre de Police du Châtelet de Paris, par Maître Denis Leroi, Procureur de Louis Gaultier, Michel Dubois, Claude Lacaille, Nicolas Bonvalet, Pierre Tonnelier & Consorts, tous Compagnons Chapeliers & Apprentis de Paris Demandeurs en exécution de l'Article huit des Statuts de la

Communauté des Maîtres Chapeliers de cette Ville, suivant la Requête qu'il nous ont présentée le 23 Août dernier, & Exploit fait en conséquence le 26 du même mois, controllé a Paris, par Brodart, sur lequel il y a présentation de témoins, demandeurs aux fins de la Requête verbale signifiée le 16 Decembre dernier, contre Maître Louis Millet, Procureur d'Alexandre Girard, Jean-Baptiste Saget, Claude Viennot, Louis & Nicolas Gueulard, Nicolas Duroyon, Louis Paulmier, Maîtres Chapeliers de cette Ville, défendeurs & demandeurs, suivant leurs moyens, signifiés les trois & onze Septembre dernier, & encore lesdits Gaultier, Dubois & consorts, défendeurs, à la Requête d'intervention du 11 Septembre, signifiée le lendemain 12 contre ledit Maître Millet, Procureur des Jurés en Charge, & ancien de la Communauté des maîtres Chapeliers de cette Ville, demandeurs intervenans, suivant ladite Requête susdatée. Parties ouies, lecture faite de leurs piéces, après avoir oui Maître Foucault, Conseiller du Roi, Avocat de Sa Majesté en cette Cour en ses conclusions, Nous après qu'il en a été déliberé: DISONS, que les Articles 11 & 18 des Statuts de la Communauté des Chapeliers, seront exécutés; suivant iceux, que les Maîtres seront tenus d'employer au travail & fabrique de leurs Marchandises, les Compagnons de Paris, préférablement à tous autres pourvû qu'ils ne veulent exiger des Maîtres un plus grand salaire que les Compagnons étrangers, & pourront les Maîtres n'avoir plus d'un Apprenti qui sera obligé pardevant Notaires en présence des Jurés; ni aucun alloué au préjudice desdits Compagnons; Et faisant droit sur l'intervention & demande des Jurés : faisons défenses auxdits Compagnons de faire aucunes Assemblées ni cabales, sous prétexte de Confrairie ou autrement, à peine d'amende, d'être déclarés incapables de parvenir à la Maîtrise, & de punition corporelle s'il y échet sans qu'ils puissent s'ingerer de placer les Compagnons chez les Maîtres, qui seront en liberté de les choisir, ainsi que bon leur semblera. Et sur le surplus des demandes, les Parties hors de Cour, dépens compensez, exécuté sans préjudice de l'appel : en témoin de ce, Nous avons fait sceller ces Présentes, données par Messire Marc-René de Voyer dArgenson, Conséiller du Roi, Lieutenant-Général de Police, tenant le siége le Vendredi 29 Janvier 1700. collationné, signé Sergent, & scellé le 27 Févrie r 1700. Signé Poquet, & au dos est écrit, signifié & baillé copie audit Leroi à domicile le 27 Février 1700. par Audiencier, soussigné. Signé, BOBIERE.

SENTENCE
DE MONSIEUR
LE LIEUTENANT GENERAL
DE POLICE,

RENDUE en faveur des Maîtres & Marchands Chapeliers de Paris, contre leurs Compagnons.

A TOUS ceux qui ces Présentes Lettres verront : Gabriel-Jerôme de Bullion, Chevalier, Comte d'Esclimont, Mestre de Camp du Regiment de Provence Infanterie, Conseiller du Roi en ses Conseils, Prevôt de la ville, Prévôté & Vicomté de Paris : Sçavoir faisons : Que sur la Requête faite en Jugement devant Nous en l'Audience de la Chambre de Police du Châtelet de Paris, par Me Denis le Maître, Procureur des Jurés & Gardes de la Communauté des Marchands

Chapeliers à Paris, Demandeurs en exécution de notre Sentence rendue sur les Conclusions de M. le Procureur du Roi, le vingt-septiéme jour de Juin mil sept cent vingt-cinq; par laquelle il a été fixé le prix qui doit être payé aux Compagnons pour la fabrique des Chapeaux, Défendeurs à la Requête à Nous présentée le 3 Août 1725. & exploit fait en conséquence par Caurier, Huissier à cheval, le huit du même mois, à la Requête des Compagnons Chapeliers de la ville & Fauxbourgs de Paris, aux fins des moyens signifiés le 18 du même mois d'Août, en exécution de notre Sentence contradictoire du 27 Novembre suivant, par laquelle il a été ordonné que les Compagnons Chapelliers seront tenus de donner une Requête au nom de quatre ou cinq d'entr'eux, pour ensuite être fait droit; Défendeurs à la Raquête verbale du

3 Décembre ſuivant, Demandeurs en exécution de notre Sentence contradictoire du 7 du même mois de Décembre ; par laquelle il a été donné lettres à Me Duret, Avocat desdits Compagnons Chapeliers, de ce qu'ils ont reconnu que c'eſt par erreur que dans la Requête du 3 Décembre ils ont pris la qualité de Syndics de préſent en Charge de la Communauté des Compagnons Chapeliers, au lieu de celle de Syndic de la Confrairie ; & au principal que les Parties en viendroient au premier jour, Demandeurs aux fins de la Requête verbale ſignifiée le 16 Février 1726, d'une autre Requête Verbale du 11 Mars ſuivant, afin d'être reçus oppoſans à l'exécution de la Sentence par défaut du 15 Février précédent, & aux fins de la Requête verbale du 18 Mai ſuivant, en exécution de notre Sentence contradictoire du 9 du préſent mois, par laquelle il

a été ordonné qu'il seroit dressé Procès-verbal par Me Aubert, Commissaire, deux jours consécutifs pour la fabrique des Chapeaux qui seroient faits en sa présence, & en exécution du Procès-verbal fait par ledit Me Aubert, Commissaire, les 19 & 20 dudit mois d'Aût & Défendeurs, & encore Demandeurs en exécution du Procès-verbal fait par Me de Prémonval, Commissaire, le 17 Mars dernier, en exécution de notre Ordonnance du 22 Septembre précédent, & aux fins de l'exploit fait par Bietrix, Sergent à Verge, le premier Avril dernier, controllé le même jour par Theveneau, assistez de Me du Vercy leur Avocat; contre Me Bruley le jeune, Procureur des soi-disans Compagnons de la Ville & Fauxbourgs de Paris, Demandeurs aux fins de la Requête présentée le 3 Août 1725, & exploit fait en conséquence le 8 par Caurier, Huissier à Cheval, afin d'être reçus opposans à ladite Sentence du 27 Juin 1725, ledit Me Bruley Procureur de Pierre Meunier, Pierre Martinot, André d'Emiot, Humbert Henault, Compagnons Chapeliers, ayant pris la qualité de tous de présent en Charge & Syndics de la Communauté des Compagnons Chapeliers, Demandeurs aux fins de la Requête verbale, signifiée le 3 Décembre 1725, Demandeurs en exécution de notre Sentence par défaut du 15 Février suivant, & encore demandeurs en qualité de compagnons Chapeliers, aux fins de la Requête verbale signifiée le 26 du présent mois, & Défendeurs, assistés de Me Duret leur Avocat; & encore contre Pierre Barthelemy, dit Fontaine, Pierre Tonnelier le jeune, François Boulanger l'aîné, François Deshayes, & Antoine Lapôtre, tous Compagnons Chapeliers, Défendeurs audit Exploit du premier Avril dernier, & défaillans; Parties ouies entre lesdits Me Lemaître, Procureur & Me Duvercy, Avocat; & Me Bruley, & Me Duret, Avocat; & par vertu du défaut de Nous donné contre lesdits Fontaine, Tonnellier, Boulanger, Deshayes & Lapôtre, non comparans, ni Procureur pour eux, lecture faite des Statuts, Reglemens & autres Piéces; oüi Monsieur Me Jacques Poitevin de Villiers, Avocat du Roi en cette Cour en ses Conclusions, sans que les qualités puissent nuire ni préjudicier: NOUS, après avoir oui les Gens du Roi en leurs Conclusions, avons reçu les Parties de Me Duvercy opposans à la Sentence du 15 Février dernier; en conséquence: Disons que la Délibération des Maîtres & Marchands Chapeliers de cette ville de Paris, du 21 Juin 2725. & la Sentence du 27 des mois & an, qui homologue ladite délibération, seront exécutés selon leur forme & teneur. Faisons défenses aux Parties de Me Duret, & à tous autres Compagnons Chapeliers d'exiger des Parties de Me Duvercy de plus grandes sommes que celles fixées par ladite Délibération & par ladite Sentence d'homologation; **Sçavoir**, pour la fabrique & façon de Castors blancs & bruns, depuis sept onces jusqu'à neuf, à raison de trente sols par Castor, depuis neuf onces jusqu'à douze, à raison de trente-cinq sols par Castor; pour les demi-Castors, vingt-deux sols de chacun, & pour chaque Vigogne vingt-sols, à peine de prison, & de plus grande peine, s'il y échet: Et faisons pareillement défenses aux Maitres & Marchands Chapeliers de cette Ville de Paris, de payer à leurs Compagnons plus grande somme que celles ci-dessus marquée & spécifiée, à peine de cinquante livres d'amende ; ſans avoir égard aux demandes formées par les Parties de Me Duret, contre les Parties de Me Duvercy, contenues en leurs Requêtes des 26 & 29 du préſent mois, dont Nous les avons déboûtées : Ordonnons l'exécution de l'Arrêt du Conſeil du 10 Août 1700 ; en conſéquence permettons aux Parties de Me Duvercy de faire fabriquer des demi-Caſtors & autres Chapeaux mélangés, & leur défendons de mêler dans leſdits Chapeaux aucun poil de Lievre, faiſant droit ſur le requiſitoire des Gens du Roi, & ayant aucunement égard aux demandes des Parties de Me Duvercy, Nous ordonnons que la Sentence du 27 Février 1700. ſera exécutée ſelon ſa forme & teneur. NOUS éteignons & ſupprimons la Confrairie établie par les Parties de Me Duret en l'Egliſe Paroiſſiale de Sainte Génevieve du miracle des Ardens de cette Ville de Paris, par Contrats des 10 Décembre 1673, & 24 Fév. 1699, ſous le titre de la Confraire de Saint Michel, de Saint Jacques & de S. Philippe. En conſéquence défendons aux Parties de Me Duret, & à tous autres Compagnons Chapeliers, de s'aſſembler dans ladite Egliſe Paroiſſiale de Sainte Génevieve du miracle des Ardens de cette Ville de Paris, ni en aucunes autres, aux jours & Fêtes de Saint Michel, de Saint Jacques & de Saint Philippe, ni à aucun autre jour, ſous prétexte d'y célébrer le Service Divin, ou d'y aſſiſter : Leur faiſons très-expreſſes inhibitions & défenſes de prendre dorénavant la qualité de Syndics, Bourſiers & Marguilliers de préſent en Charge de la Communauté ou Confrairie des Compagnons Chapeliers, d'agir en nom collectif, d'élire aucuns Syndics, Marguilliers ou Bourſiers de Communauté ou de Confrairie, de tenir Regiſtres, Boëtes ou Troncs ſous prétexte d'aſſiſter les Pauvres Compagnons malades, infirmes ou âgés; comme auſſi leur défendons de faire délibération, offrir Pains à bénir, & généralement de faire tout ce que peut faire une Communauté ou Confrairie valablement établie; & en cas de contravention par les Parties de Me Duret, ou aucun autre Compagnon Chapelier, feront les contrevenans empriſonnés à la Requête du Procureur du Roi, pourſuites & diligences des Parties de Me Duvercy, auxquels Nous permetons de faire ſaiſir les regiſt. Boëtes, Troncs, Pains à bénir & autres choſes ſervant à confrairie ou Communauté. Enjoignons aux Parties de Me Duret d'apporter dans huitaine à notre Greffe les Regiſtres de la prétendue Confrairie des Compagnons Chapeliers, enſemble les deux Regiſtres mentionnés au Procès-verbal de Me André Leguay de Prémonval, Commiſſaire en cette Cour, du 17 Mars dernier, pour tous leſdits Regiſtres être ſupprimés & reſter à notre Greffe; condamnons les Parties de Me Duret aux dépens & permettons aux Parties de Me Duvercy de faire imprimer, publier & afficher à leurs frais notre Sentence par-tout où beſoin ſera; ce qui ſera exécuté nonobſtant & ſans préjudice de l'appel. En témoin de ce, Nous avons fait ſceller ces Préſentes, qui furent faites & données par Meſſire René Herault, Chevalier Seigneur de Fontaine-Labbé, Conſeiller du Roi en ſes Conſeils, Maître des Requêtes ordinaire de ſon Hôtel, Lieutenant Général de Police de la Ville, Prevôté & Vicomté de Paris, tenant le ſiége le Vendredi trentiéme jour d'Août, mil ſept cent vingt-ſix. TARDIVEAU. Collationnée & ſcellée le 6 Septembre 1725. BOYARD.

ARREST
DU CONSEIL D'ETAT DU ROI,

Portant que les Chapeaux de toute espèce, fabriqués dans le royaume, & qui seront envoyés directement à l'Etranger, jouiront de la même exemption de droits accordés par les Arrêts du Conseil des 13 & 15 Octobre dernier, sur les étoffes, tapisseries, ouvrages de bonneterie & toiles des fabriques du royaume.

Extrait des Registres du Conseil d'Etat.

Du 19 Novembre 1743.

SUR la Requête présentée au Roi en son Conseil, par le Corps des Chapeliers fabriquans de la ville de Paris, tendante à ce qu'il plût à Sa Majesté accorder à la fabrique des Chapeaux, la même exemption qui a été accordée par les Arrêts du Conseil des 13 & 15 Octobre dernier, aux étoffes, tapisseries, ouvrages de bonneterie & toiles des fabriques du Royaume, qui seront envoyéz directement à l'Etranger. Vû le mémoire des Fermiers généraux, par lequel ils consentent à ladite exemption, aux mêmes conditions portées par lesdits Arrêts, sans en prétendre aucune indemnité, & aussi sans que cette nouvelle grace puisse être tirée à conséquence pour toutes les autres fabriques non comprises auxdits Arrêts : Oui le rapport du sieur Orry Conseiller d'Etat ordinaire, & au Conseil Royal, Contrôleur général des Finances, LE ROI EN SON CONSEIL, a ordonné & ordonne que les Chapeaux de tout espèce, fabriqués dans le royaume, & qui seront envoyés directement à l'Etranger, jouiront, à commencer du premier Décembre prochain, de la même exemption de droits accordés par lesdits Arrêts, & aux mêmes conditions y pottées, sans que cette grace puisse être tirée à conséquence pour toutes autres fabriques non comprises auxdits Arrês. Et seront pour l'exécution du présent, toutes lettres nécessaires expédiées. FAIT au Conseil d'Etat du Roi, tenu à Fontainebleau le dix-neuf Novembre, mil sept cent quarante-trois. Collationné. *Signé*, EYNARD.

Claude-Henry Feydeaux de Marville, Chevalier, Seigneur de Fontaine-Labbé, Conseiller du Roi en ses Conseils, Maître des Requètes ordinaire de son Hôtel, Lieutenant général de Police de la ville, Prévôté & Vicomté de Paris.

Vû l'Arrêt du Conseil ci-dessus, Nous ordonnons qu'il sera imprimé, lû, publié & affiché dans tous les lieux ordinaires & accoûtumés de cette ville & faubourgs, pour être exécuté selon sa forme & teneur, à ce que personne n'en ignore. Fait à Paris, le sept Février mil sept cent quarante-qutre. Signé, *Feydeau de Marville.* Et plusbas, *par Monseigeur MILLET.*

Arrêt

ARREST

DU CONSEIL D'ETAT,

Portant permission aux Jurés des Maîtres Chapeliers de la Ville de Paris de percevoir six sols par douzaine de Chapeaux de laine venans des Provinces à Paris, & vingt-quatre sols par douzaine de Chapeaux de Vigogne.

Extrait des Registres du Conseil d'Etat.

Du 15 Mars 1746.

SUR la Requête présentée au Roi en son Conseil par les Jurés en Charge de la Communauté des Maîtres Chapeliers de la Ville & Fauxbourgs de Paris ; contenant qu'ayant fait leur soumission de payer la somme de 60000 liv. en trois payemens égaux, pour la réunion des Offices d'Inspecteurs &

Controlleurs, créés dans leur Communauté par l'Edit du mois de Février 1745, Sa Majesté leur a accordé Arrêt le cinq Juin suivant, qui a ordonné la réunion desdits Offices à leur Communauté; & pour faciliter le payement de la finance desdits Offices, a augmenté les droits de réception à la Maîtrise, & leur a permis de recevoir douze Maîtres sans qualité; mais cette grace leur ayant jusqu'à présent été inutile, ne s'étant présenté aucun Sujet à la Maîtrise, quelques soins qu'ils se soient donnés, ils n'ont pû trouver plus de 3000 liv. à emprunter, & ont été obligés de se cottiser pour fournir au premier payement de 20000 liv. qu'ils ont fait le 14 Juillet 1745. le Public étant d'ailleurs instruit que leur Communauté n'est pas encore liberée des anciennes dettes qu'elle a précédemment contractées pour les besoins de l'Etat, il ne leur reste aucune ressource, & ils ſe voyent malheureuſement dans l'impuiſſance de ſatisfaire aux ſecond & troiſiéme payemens, ſi Sa Majeſté ne leur fait la grace de leur accorder les moyens de pouvoir procurer des ſûretés à ceux qui auroient intention de leur prêter : requeroient à ces cauſes, qu'il plaiſe à Sa Majeſté ordonner qu'il ſera perçu à l'avenir au profit de la Communauté par les Supplians, ſix ſols par douzaine de Chapeaux de laine venans des Provinces à Paris, & quarante-huit ſols par douzaine de Chapeaux communément appellés Vigognes, qui ſeront auſſi apportés des Provinces en ladite Ville, & ordonner que l'Arrêt qui interviendra ſur la préſente Requête, ſera lû, publié & affiché par tout où beſoin ſera. Vû ladite Requête, ſignée des Supplïans : Oui le Rapport du Sieur de Machault, Conſeiller ordinaire au Conſeil Royal, Controlleur Général des Finances. SA MA-

JESTÉ EN SON CONSEIL, ayant aucunement égard à ladite Requête, a ordonné & ordonne, qu'à compter du premier Avril prochain il sera perçu par les Jurés en Charge de la Communauté des Maîtres Chapeliers de la Ville & Faubourgs de Paris, au profit de ladite Communauté, six sols par douzaine de Chapeaux de laine venans des Provinces à Paris, & 24 s. par douzaine de Chapeaux communément appellés Vigognes, qui seront aussi apportés des Provinces en ladite Ville ; lesquels droits seront affectés & hypotequés au payement des arrérages des rentes qui auront été créés pour raison des emprunts faits par la Communauté pour la réunion des Offices d'Inspecteurs & Controlleurs, même employés au remboursement des capitaux à mesure qu'il y aura des fonds. Veut Sa Majesté qu'après l'entier remboursement des sommes que ladite Communauté aura empruntées pour la réunion desdits Offices, lesdits droits ci-dessus exprimés cessent d'être perçus; à l'effet de quoi les Jurés successivement en Charge, seront tenus de rendre compte chaque année, tant du produit desdits droits, que de l'emploi qu'ils en auront fait. Sera le present Arrêt, lû, publié & affiché par-tout où besoin sera; & sur icelui toutes lettres nécessaires seront expédiées. Fait au Conseil d'Etat du Roi, tenu à Versailles le quinziéme jour du mois de Mars mil sept cent quarante-six. Collationé. *Signé*,

DEVOUGNY.

ARREST
DE LA COUR DE PARLEMENT.

Pour la perception du droit des Chapeaux venant des Provinces à Paris.

Du 22 Décembre 1746.

LOUIS, par la grace de Dieu Roi de France & de Navarre, au premier des Huissiers de notre Cour de Parlement ou autre Notre Huissier ou Sergent sur ce requis. Sçavoir faisons, qu'entre les Jurés en charge de la Communauté des Maîtres & Marchands Chapeliers de Paris, Demandeurs en Requête du 2 Décembre 1746, d'une part & les Maîtres & Gardes de la Communauté des Marchands Merciers de la Ville de Paris, Défendeurs, d'autre part; Vu par Notredite Cour la Requête

& Demande des Jurés en charge de la Communauté des Maîtres & Marchands Chapeliers de la Ville de Paris du 2 Décembre 1746, à ce qu'en attendant le jugement de leur demande portée par Requête & Exploit du 2 Septembre dernier, & de celle des Marchands Merciers de Paris du vingt-cinq Novembre aussi dernier sur la question de savoir si lesdits Merciers seront tenus de payer les droits de six sols par douzaine de chapeaux de Laine venant de Province à Paris, & vingt-quatre sols par douzaine de chapeaux communément appellés Vigognes qui seront aussi apportés des Provinces à Paris pour le compte & à l'adresse desdits Marchands Merciers sans préjudice du droit des Parties au principal, & attendu que par le défaut de perception dudit droit, lesdits Chapeliers se trouveroient hors d'état d'acquitter les arrérages des rentes qu'ils ont constituées pour le payement de la Finance de soixante mille livres qu'ils ont fournie à Sa Majesté en conséquence de l'Edit du mois de Février 1745, il fut ordonné que par provision lesdits Chapeliers percevroient en exécution de l'Arrêt du Conseil du 15 Mars 1746. & des Lettres Patentes obténues sur icelui le deux Juillet suivant, le droit de 6 sols par douzaine de chapeaux de laine venant des Provinces à Paris, & de 24 sols par douzaine de chapeaux communément appellés Vigognes qui seront aussi apportés des Provinces à Paris à l'adresse & pour le compte tant des Maîtres & Marchands Chapeliers de Paris que des Marchands Forains, & afin de prévenir les fraudes, & empêcher que les Marchands Merciers ne puissent prêter leurs noms aux Marchands Forains & aux Chapeliers, comme aussi pour constater plus surement le nombre

& la qualité des chapeaux que lesdits Merciers pourroient faire venir pendant l'instruction de la cause, & faciliter le recouvrement dudit droit, si par l'évenement lesdits Merciers y sont déclarés assujettis, il fut ordonné qu'ils seroient tenus de venir en personne faire au Bureau de la Communauté desdits Chapeliers & de signer leurs déclarations, premierement de la qualité & quantité de chapeaux qu'ils veulent faire venir à leur adresse, & pour leur compte; secondement des noms & domiciles des Marchands de qui ils les tireront; troisiémement qu'ils ne prétent leur nom à aucun Chapelier ni Marchand Forain, comme aussi que lesdits Marchands Merciers seront tenus de représenter au Bureau desdits Chapeliers les Lettres de voitures desdits chapeaux dont ils auroient fait leur déclaration; à peine en cas de contravention, de confiſcation deſdits chapeaux, & de telle amende qu'il plairoit à Notredite Cour arbitrer, & à l'effet de tout ce que deſſus, il fut ordonné que toutes les marchandiſes de chapeaux ſeroient déclarées aux Barrieres & conduites à la Douanne, & envoyées par l'Inſpecteur de la Douanne au Bureau deſdits Chapeliers pour y être viſitées par les Gardes, & ce conformement aux Statuts de la Communauté deſdits Chapeliers homologués & regiſtrés ſans oppoſition par Arrêt de Notredite Cour du 3 Juillet 1658. & en cas de conteſtation les Maîtres & Gardes de la Communauté des Marchands Merciers de Paris fuſſent condamnés aux dépens : Arrêt du 3 Décembre 1746. d'appointé à mettre ès mains de Maître Claude-Jean Maſſé Conſeiller ; production des Parties, celle des Maîtres & Gardes du Corps des Marchands Merciers, par Requête du

16 du présent mois de Décembre employé pour fins de non-recevoir, & défenses contre la susdite demande desdits Chapeliers & tendante à ce que les Jurés & Communauté desdits Chapeliers fussent declarés non-recevables en leurdite demande en tout cas ils en fussent déboutés, & en outre condamnés aux dépens; au bas de laquelle Requête est l'Ordonnance de notredite Cour qui auroit reservé à y faire droit en jugeant; conclusions de notre Procureur-Général: Oui le rapport dudit Conseiller, tout considéré: Notredite Cour par provision & sans préjudice du droit des Parties au principal ordonne que les Jurés en charge de la Communauté des Maîtres Chapeliers de Paris, percevront en exécution de l'Arrêt du Conseil du quinze Mars mil sept cent quarante-six, & des Lettres-Patentes obtenues sur icelui le deux Juil-

let suivant, le droit de six sols par douzaine de Chapeaux de Laine venant des Provinces à Paris, & vingt-quatre sols par douzaine de chapeaux communément appellés Vigognes qui seront aussi apportés des Provinces à Paris & pour le compte tant des Maîtres & Marchands Chapeliers de Paris que des Marchands Forains, joint le surplus des Requêtes à la cause d'entre les Parties pour en jugeant y avoir tel égard que de raison, dépens reservés ; Si mandons mettre le présent Arrêt à exécution. Donné en notredite Cour de Parlement le vingt-deux Décembre l'an de grace mil sept cent quarante-six & de notre regne le trente-deuxiéme. Collationné Bicquet. Par la Chambre DU FRANC.

SENTENCE DE MONSIEUR LE LIEUTENANT-GÉNÉRAL DE POLICE.

A TOUS CEUX QUI CES PRESENTES LETTRES VERRONT GABRIEL-JEROME DE BULLION, Comte d'Esclimont, Seigneur de Wideuil & autres lieux, Conseiller, du Roi en ses Conseils, Prévôt de Paris, SALUT. Sçavoir faisons, que vu par nous Claude-Henri Feydeau, Chevalier, Seigneur de Marville & autres lieux, Conseiller du Roi en ses Conseils, Maître des Requêtes Ordinaire de son Hôtel, Lieutenant-Général de Police de la Ville, Prévôté & Vicomté de Paris, l'Arrêt du Conseil d'Etat du Roi, obtenu le 15 Mars

1746, par les Jurés en Charges de la Communauté des Marchands Chapeliers de la Ville & Faubourgs de Paris, par lequel Sa Majesté a ordonné qu'à compter du premier Avril lors prochain, il seroit perçu par lesdits Jurés au profit de ladite Communauté, six sols par douzaine de Chapeaux de laine venans des Provinces à Paris, & 24 s. par douzaine de Chapeaux communément appellés Vigognes, qui seroient aussi apportés des Provinces en ladite Ville, lesquels droits seroient affectés & hypothéqués aux arrérages des rentes qui auroient été créées pour raison des emprunts faits par ladite Communauté pour la réunion des Offices d'Inspecteurs & Controlleurs, même employées au remboursement des capitaux à mesure qu'il y auroit des fonds; qu'après l'entier remboursement des sommes que ladite Communauté auroit empruntées pour la réunion desdits

Offices lesdits droits cessassent d'être perçus, à l'effet de quoi les Jurés successivement en charge de ladite Communauté seroient tenus de rendre compte chaque année, tant du produit desdits droits ; que de l'emploi qu'ils en auroient fait ; l'Arrêt du Parlement rendu le 22 Décembre dernier, entre les Jurés en charge de ladite Communauté des Maîtres Chapeliers & les Maîtres & Gardes de la Communauté des Marchands Merciers, par lequel entre autres choses il est ordonné par provision & sans préjudicier aux droits des parties, que les Jurés en charge de la Communauté des Maîtres Chapeliers percevroient en exécution de l'Arrêt du Conseil susdaté, & des Lettres Patentes obtenues sur icelui, le droit de six sols par douzaine de Chapeaux de laine venans des Provinces à Paris, & de 24 s. par douzaine de Chapeaux communément appellés Vigognes qui feroient auffi apportées des Provinces à Paris, & pour le comptant des Maîtres & Marchands Chapeliers à Paris, que des Marchands Forains; copie collationnée par Tournois & Bernard Notaires au Châtelet de Paris, de la Déliberation faite en l'affemblée defdits Maîtres & Marchands Chapeliers convoqués en la maniere accoutumée par billets, tenue en leur Bureau le douze Janvier préfent mois & an, duement controllée à Paris le treize par Blondelu, par laquelle fur la repréfentation qui leur a été faite par les Grands Gardes & Jurés en charge de ladite Communauté, que pour l'exécution de l'Arrêt du Parlement fufdaté rendu au profit de ladite Communauté, il eft abfolument néceffaire de faire ftatuer & ordonner que toutes les marchandifes de Chapeaux feroient déclarées aux portes & barrieres des entrées en cette Ville, conduites à la Douanne

& envoyées par l'Inſpecteur de ladite Douanne au Bureau des Marchands Chapeliers, pour y être viſitées par les Gardes & Jurés, ſuivant & conformément aux Statuts de ladite Communauté, & les Voituriers, Conducteurs, Meſſagers & autres qui ameneront des Chapeaux, ſeront tenus de repreſenter des Lettres de Voiture, contenant la Déclaration du nombre & de la qualité des Chapeaux dont ils ſeront chargés, & à cet effet authoriſer leſdits Gardes & Jurés à payer aux Commis des Barrieres les deniers & droits à ce néceſſaires, pour les engager d'autant plus à donner avis de l'arrivée des Chapeaux, & à les faire conduire à la Douanne, ladite Communauté a déliberé & arrêté que pour l'exécution dudit Arrêt du Parlement les Chapeaux qui arriveroient en cette Ville seroient déclarés au Bureaux des Portes & Barriers conduits à la Douanne & envoyés par l'Inspecteur de la Douanne au Bureau des Marchands Chapeliers, pour y être visités par les Gardes & Jurés, suivant & conformément aux Statuts de ladite Communauté, & que les Voituriers, Conducteurs, Messagers ou autres qui ameneront des Chapeaux seroient tenus de représenter les lettres de Voitures; en conséquence que les Commis des Portes & Barrieres de Paris seront tenus d'envoyer au Bureau de la Douanne, tous les Marchands Forains, Voituriers, Conducteurs de Coches, ou Messagers qu'ils trouveront chargés de paquets, caisses ou ballots de marchandises de chapeaux, de leur faire laisser des gages proportionnés à la quantité des marchandises dont ils seront chargés, & dans le cas où les Commis trouveront des Voituriers Forains, ou autres Porteurs de marchandises de Chapeaux qui entreront sans les déclarer, ils seront tenus d'en dresser procés-verbal, qu'ils remettront avec les marchandises dans 24 heures aux Gardes Jurés Chapeliers, lesquels se pourvoiront pardevant Nous, pour la confiscation; & pour dédommager les Commis des peines & soins qu'ils prendront, que sur le montant des confiscations des Marchandises qui entreront en fraude & sans être déclarées, il leur en sera payé le tiers, le tout ainsi qu'il a été ordonné au profit des Marchands Bonnetiers, par l'Arrêt du Conseil d'Etat du Roi du 28 Août 1721, & a été convenu que les gages & appointemens du sieur le Fort, Clerc de ladite Communauté, seront augmentés de la somme de 200 liv. attendu les causes extraordinaires, peines & soins qu'il sera obligé de prendre pour la perception desdits droits, & l'exécution de ladite Déliberation, que lesdits Gardes & Jurés seront & demeureront autorisés à payer aux Commis des

Barrieres les droits & rétributions, qu'ils croiront être nécessaires, qui leur seront alloués, ainsi que tous les frais & faux frais qu'ils pourront faire, à cet effet leur donnant pouvoir de faire homologuer en Justice ladite Déliberation; la Requête à Nous présentée le quatorze desdits présens mois & an, par les Gardes & Jurés en charge de ladite Communauté des Marchands Chapeliers, afin d'homologation de ladite Déliberation susdatée, pour être exécutée selon sa forme & teneur, & qu'il Nous plût ordonner que notre présente Sentence seroit inscrite dans les Registres de ladite Communauté, lûe, publiée & affichée par-tout où besoin seroit, ladite Requête signée Olivier jeune, Procureur au Châtelet, sur laquelle est notre Ordonnance que le tout seroit communiqué au Procureur du Roi, les conclusions du Procureur du Roi de cejourd'hui; tout vu & consideré, NOUS, du consentement du Procureur du Roi avons ladite Délibération susdatée, homologuée & homologuons, pour être exécutée selon sa forme & teneur ; Ordonnons que notre présente Sentence sera à la diligence des Jurés de présent en charge transcrite sur le Registre de la Communauté, lûe, publiée, imprimée & affichée dans le Bureau d'icelle, & dans tous les lieux & carrefourgs accoutumés de cette Ville & Faubourgs de Paris, même aux Portes & Barrieres des entrées, & par-tout où besoin sera : ce qui sera exécuté nonobstant & sans préjudice de l'appel. En témoin de quoi Nous avons fait sceller ces présentes, qui furent faites & données par nous Juges susdits lesdits jours & an que dessus.

Signé, LAMBERT.

Scellé le 24 Janvier 1747.
SAUVAGE.

SENTENCE DE POLICE.

QUI prescrit ce qui doit être observé par les Conducteurs des Marchandises de Chapeaux qu'ils ameneront des Provinces à Paris, soit pour les Déclarations qu'ils en doivent faire aux Barrieres & Porte y dénommées, & par lesquelles lesdites Marchandises doivent passer seulement, les gages qui y seront laissés, ou lesdites Marchandises en dépôt ; leur transport à la Douane, les Passavans qui y seront délivrés, leur rapport au Bureau de la Communauté ; des Maîtres & Marchands Chapeliers, la visite qui doit y être faite par les Jurés en charge de ladite Communauté ; & fixe les droits qui y seront payés pour lesdites Marchandises, &c. Le tout en exécution de l'Arrêt du Conseil & Lettres-Patentes sur icelui, du 15 Mars 1746, & de la Sentence de Police du 7 Mars 1747.

Du 27. Avril 1747.

A TOUS ceux qui ces présentes Lettres verront : Gabriel-Jerôme de Bullion, Prévôt de Paris, SALUT. Sçavoir faisons, que vû vû par Nous Claude-Henry Feydeau de Marville, Conſeiller du Roi en ſes Conſeils, Maître des Requêtes ordinaire de ſon Hôtel, Lieutenant Général de Police de la Ville, Prévôté & Vicomté de Paris, l'Arrêt du Conſeil d'Etat du Roi, du 24 Février 1728, rendu en faveur du Corps des Marchands Bonnetiers de la Ville & fauxbourgs de Paris, portant réglement au ſujet des Marchandiſes de Bonneterie, qui entroient dans la Ville & Fauxbourgs de Paris. Autre Arrêt du Conſeil d'Etat du Roi, du 15 Mars 1746, portant permiſſion aux Jurés des Marchands Chapeliers de la Ville & Fauxbourgs de Paris, de percevoir ſix ſols par douzaine, de Chapeaux de laine, venans des Provinces à Paris, & 24 ſols par douzaines de Chapeaux de vigogne. Arrêt du Parlement du 22 Décembre dernier, au profit de la Communauté des Marchands Chapeliers, ſur les concluſions de M.

le Procureur Général, qui ordonne l'exécution de l'Arrèt du Conseil & Lettres-Patentes obtenues sur icelui, & par provision ; la Sentence de Nous rendue au profit desdits Maîtres Chapeliers, sur les conclusions du Procureur du Roi, le 21 Janvier dernier, portant homologation de la délibération desdits Maîtres Chapeliers y énoncée & datée. Autre notre Sentence de nous rendue le 7 Mars dernier, sur les conclusions du Procureur du Roi, au profit desdits Maîtres & Marchands Chapeliers, qui ordonne l'exécution des Arrêts & Sentences susdatés. La Requête à Nous présentée le 22 dudit présent mois d'Avril, par les Jurés en charge de la Communauté desdits Maîtres & Marchands Chapeliers, tendante à ce que pour raison de la perception de six sols par douzaine de Chapeaux de laine, venans des Provinces à Paris, & de vingt-quatre sols par douzaine de

Chapeaux appellés Vigognes, qui feroient auſſi apportés des Provinces en ladite Ville, du Reglement pour la viſite des Barrieres & Portes, par leſquelles leſdites Marchandiſes devoient ſeulement entrer, & des obligations des Marchands Forains, Voituriers, Conducteurs des Coches, ou Meſſagers, & attendu que par notre derniere Sentence ſuſdatée, il eſt porté, comme il a été ordonné au profit des Marchands Bonnetiers, que les Commis des Portes & Barrieres feroient tenus d'envoyer au Bureau de la Douanne les Marchands Forains, Voituriers & Conducteurs qu'ils trouveroient chargés de paquet, caiſſes ou ballots de Marchandiſes de Chapeaux, & de leur faire laiſſer des gages proportionnés à la quantité deſdites Marchandiſes dont ils feroient chargés, & qu'il a été obmis de fixer leſdits gages, que les Commis des Barrieres & Portes d'entrés feroient authorisés de faire laisser & retenir, il nous plût ordonner que lesdits Arrêts du Conseil, du Parlement & nos Sentences susdatées seroient exécutées ; en conséquence, que lesdits Marchands Forains, Voituriers, Conducteurs de Coches & Messagers, qui ameneroient des Marchandises de Chapeaux en cette Ville, seroient tenus de laisser ès-mains du Receveur ou Controlleur desdites Barieres & Portes, douze sols par douzaine de Chapeaux de laine, & quarante-huit sols par douzaine de Chapeaux de Vigognes, à ce faire lesdits Particuliers contraints; & au surplus que lesdits Voituriers & Commis seroient tenus de se conformer aux mêmes Réglemens que ceux concernant les Marchands Bonnetiers, & notamment à l'Arrêt du Conseil du 24 Février 1728, & suivant iceux, que les Marchandises de Chapeaux continueroient d'être déclarées aux barrieres, porte d'enrées, & tranſportées au Bureau de la Douanne, pour y être vûes & viſitées par l'inſpecteur de la douanne, en la maniere accoutumée, d'où elles ſeroient enſuite transférées au Bureau de la Communauté des Maîtres & Marchands Chapeliers, rue de la Pelleterie, pour y être vûes & viſitées par les Jurés & Gardes de ladite Communauté, & être enſuite délivrées à ceux des Maîtres & Marchands Chapeliers, auxquels leſdits Chapeaux ſeroient adreſſés, & ſans que la délivrance puiſſe s'en faire ailleurs que dans ledit Bureau : en conſéquence, que tous marchands Forains, Voituriers, Conducteurs des Coches, Meſſagers, & autres Porteurs & Conducteurs deſdites Marchandiſes deſdits Chapeaux, ſeroient tenus après leur déclaration, & en prenant l'envoi ou paſſavant par la Douanne, de laiſſer aux Commis des Barrieres, des gages ſuivant la fixation & évaluation ci dessus, à la charge que les gages leur seroient rendus en rapportant par eux led. envoi ou passavant duement visés de l'Inspecteur de la Douanne, & ce dans la huitaine de l'envoi, passé lequel tems les gages demeureroient perdus pour les Voituriers, & resteroient ès mains des Receveurs des Barieres pour en être ordonné ce qu'il appartiendroit ; & où les Voituriers & Conducteurs n'auroient pas de quoi fournir aux gages, suivant la fixation ci-dessus, en ce cas, que les Marchandises seroient mises en dépôt dans les Bureaux des Barieres pour être conduites à la Douanne, dans les trois jours, par les Commis des Barieres, où être remises aux Jurés Gardes des Marchands Chapeliers, auxquels ils en seroit donné avis & qui en feroient la conduite au défaut des Commis, & que lesdits Voituriers & Conducteurs seroient tenus d'avoir pardevers eux des Lettres de

Voitures, contenant au vrai la quantité & qualité desdites Marchandises de Chapeaux, à peine de confiscation d'icellles & d'amendes contre les Conducteurs; & notre présente Sentence seroit imprimée, lûe, publié & affichée. Ladite Requête signé Olivier Jeune, Procureur au Châtelet; sur laquelle est notre Ordonnance, que le tout seroit communiqué au Procureur du Roi, ses conclusions du 27 dudit présent mois d'Avril; tout vû & considéré. NOUS, oui sur ce, le Procureur du Roi, ordonnons que les Arrêts & Sentences susdatés, seront exécutés selon leur forme & teneur; en conséquence, que les Marchandises de Chapeaux continueront d'être déclarées aux Barrieres dénommées dens notre Sentence du 7 Mars dernier, & qu'elles seront ensuite transportées à la Douanne, pour y être vûes & visitées par l'Inspecteur en la maniere accoutumée, d'où elles seront apportées au Bureau de la Communauté des Maîtres & Marchands Chapeliers, pour y être pareillement vûes & visitées par les Jurés en charge de ladite Communauté, & délivrées à ceux des Maîtres ausquels lesdites Marchandises de Chapeaux seront adressées, laquelle délivrance ne pourra être faite ailleurs que dans ledit Bureau ; & en conséquence, que tous les Marchands Forains, Voituriers Conducteurs de Coches, Messagers & autres Porteurs des Marchandises de Chapeaux, seront tenus après leur déclaration & en prenant l'envoi ou passavant pour la Douanne, de laisser ès mains du Receveur ou Controlleur desdites Barrieres, par forme de gages, douze sols par douzaine de Chapeaux de laine, & quarante-huit sols par douzaine de Vigognes, lesquels gages leur seront rendus en rapportant par eux ledit envoi ou passavant, duement visé de l'Inspecteur de la Douanne, dans huitaine pour toute prefixion & délai, à compter du jour & datte dudit envoi ou passavant, sinon & à faute de ce, & ledit tems passé, que les gages demeureront perdus pour lesd. Voituriers, & resteront ès mains du Receveur & Controlleur des Barrieres, pour en être par nous ordonné, sur les conclusions du Procureur du Roi, ce qu'il appartiendra; & où lesdits Voituriers & Conducteurs n'auront pas de quoi fournir aux gages, suivant la fixation cidessus, en ce cas, les Marchandises seront mises en dépôt dans le Bureau des Barrieres par où ils les entreront, pour être ensuite conduites à la Douanne, dans les trois jours, par les Commis desdites Barrieres, ou être remises aux Jurés Chapeliers, auxquels il en sera donné avis par ceux qui en feront la conduite à défaut de Commis; enjoignons auxdits Voituriers & Conducteurs, d'avoir pardevers eux des Lettres de Voitures, contenaas au vrai la quantité & la qualité des Marchandiſes de Chapeaux dont ils ſeront chargés, à peine de confiſcation d'icelles & de 20 liv. d'amende contre chacun des Contrevenans, Voituriers & Conducteurs. Et ſera notre préſente Sentence, à la diligence des Jurés Chapeliers, lûe, publiée, imprimée, & affichée dans tous les Lieux & Carrefours accoutumés & aux Barrieres de S Michel, S. Jacques, les Chantiers, S. Martin, S. Denis, St. Anne, Rambouillet, le Roulle, & ſur les Ports S. Paul & S. Nicolas de cette Ville, dénommés dans notredite Sentence du ſept Mars dernier, & par-tout où beſoin ſera, ce qui ſera exécuté nonobſtant & ſans préjudice de l'appel. En témoin de quoi Nous avons fait ſceller ces préſentes, qui furent faites & données par Nous Juges ſuſdits, le 27e. Avril 1747.

Signé, LE GRAS. Et ſcellé.

LETTRES PATENTES SUR ARREST.

Portant Reglement pour les Compagnons & Ouvriers qui travaillent dans les Fabriques & Manufactures du Royaume

Du 2 Janvier 1749.

LOuis par la grace de Dieu, Roi de France & de Navarre, A nos amés & féaux Conseillers, les Gens tenans notre Cour de Parlement à Paris, SALUT. Etant informé que nombre d'Ouvriers de différentes Fabriques & Manufactures de notre Royaume quittent les Fabriquans & Entrepreneurs qui les employent sans, avoir pris d'eux un congé par écrit, sans avoir achevé les Ouvrages qu'ils ont commencés, & sans leur avoir le plus ordinairement rendu les avances qui leur ont été faites dans leurs besoins, à compte du salaire de leurs Ouvrages ; que même certains d'entr'eux, formant une espece de Corps, tiennent des assemblées & font la loi à leurs Maîtres, en leur donnant à leur gré, ou les privant d'Ouvriers, & les empêchant de prendre ceux qui pourroient leur convenir, soit François ou Etrangers ; & étant pareillement informé que par facilité ou par d'autres motifs, la plûpart des Fabriquans & des Entrepreneurs reçoivent chez eux des Compagnons & Ouvriers, sans s'embarrasser d'où ils sortent, & sans s'informer des raisons qu'ils ont eues pour quitter leurs Maîtres ? leur conduite à cet égard a beaucoup contribué à l'excès de licence qui a donné lieu aux plaintes qui ont été portées en notre Conseil. Et voulant arrêter le cours d'un abus aussi préjudiciable, Nous y avons pourvû par l'Arrêt de cejourd'hui rendu en notre Conſeil d'Etat, Nous y étant ; pour l'exécution duquel Nous avons ordonné que toutes Lettres Patentes néceſſaires ſeront expédiées. A CES CAUSES, de l'avis de notre Conſeil qui a vû ledit Arrêt ci attaché ſous le contre-ſcel de notre Chancellerie, Nous avons ordonné, & par ces préſentes ſignées de notre main, ordonnons ce qui ſuit :

ARTICLE PREMIER.

Faiſons très xpreſſes inhibitions & défenſes à tous Compagnons & Ouvriers employés dans les Fabriques & Manufactures de notre Royaume, de quelque eſpéce qu'elles ſoient, de les quitter pour aller travailler ailleurs, ſans en avoir obtenu un congé exprès & par écrit de leurs Maîtres, à peine contre leſdits Compagnons & Ouvriers de cent livres d'amende, au payement de laquelle ils ſeront contraints par corps.

II.

Pourront néanmoins lesdits Compagnons & Ouvriers dans les cas où ils ne seroient pas payés de leurs salaires par leurs Maîtres, & qu'ils essuyeroient de mauvais traitemens, qu'ils les laisseroient sans ouvrage, ou pour d'autres causes légitimes, se pourvoir pardevant les Juges de Police des lieux pour en obtenir, si le cas y écheoit, un Billet de congé, qui ne pourra cependant leur être délivré en aucun cas, qu'ils n'ayent achevé les Ouvrages qu'ils auroient commencés chez leurs Maîtres, & acquitté les avances qui pourroient leur avoir été faites.

III

Faisons pareillement défenses à tous Compagnons & Ouvriers de s'assembler en Corps, sous prétexte de Confrairie ou autrement, de cabaler entr'eux pour se placer les uns les autres chez des Maîtres, ou pour en sortir, ni d'empêcher de quelque maniere que ce ſoit, leſdits Maîtres de choiſir eux-mêmes leurs Ouvriers, ſoit François ou Etrangers, ſous pareille peine de cent livres contre leſdits Compagnons & Ouvriers, payables comme deſſus.

IV.

Faiſons auſſi très-expreſſes défenſes à tous Fabriquans & Entrepreneurs de Fabriques & Manufactures, de prendre à leur ſervice aucuns Compagnons & Ouvriers ayant travaillé chez d'autres de leur état & profeſſion dans notre Royaume, ſans qu'il leur ſoit apparu d'un congé par écrit des Maîtres qu'ils auront quittés, ou des Juges de Police en certains cas, à peine de trois cens livres d'amende pour chaque contravention, & de tous dépens dommages & interêts. Si vous mandons que ces préſentes vous ayez à faire regiſtrer, & le contenu en icelles exécuter, ſelon leur forme & te-

neur. Car tel eſt notre plaiſir :
Donné à Verſailles le deuxiéme
jour de Janvier, l'an de grace mil
ſept cens quarante-neuf, & de
notre regne le trente-quatriéme.
Signé LOUIS. *Et plus bas*, Par le
Roi, Phelypeaux. Et ſcellé du
grand Sceau de cire jaune.

Régiſtrées, oui & ce requerant le Procureur du Roi, pour être exécutées ſelon leur forme & teneur &c, Enjoint aux Subſtituts du Proc. du Roi d'y tenir la main &c. A Paris le 31, Janv. 1749.

ſigné YSABEAU.

SENTENCE
DE MONSIEUR LE LIEUTENANT GENERAL DE POLICE,

En faveur des Maîtres & Marchands Chapeliers de la Ville & Fauxbourgs de Paris : Qui taxe le prix des Chapeaux à Plumets.

A Tous ceux qui ces présentes Lettres Verront : Gabriel-Jérôme de Bullion, Chevalier, Comte d'Esclimont, Maréchal de Camps & Armées du Roi ; Prevôt de Paris : Salut sçavoir faisons : Que vû par Nous Nicolas-René Berrier, Chevalier d'Etat, Lieutenant Général de Police au Châtelet de Paris : Copie collationnée par Felize & Bernard Notaires au Châtelet de Paris, d'une Déliberation faite par les Maîtres Chapeliers à Paris, du 21 Janvier dernier : Extraite du registre des Délibérations de ladite Communauté, dûement controllée à Paris le 29 Mars dernier par Blondelu, sur la Représentation faite par les Jurés de présent en charge de ladite Communauté, assemblée par billets en la maniere accoutumée : que plusieurs Maîtres & anciens se seroient plaints, qu'étant obligés de faire des Chapeaux de Castors à plumets, & ayant voulu en payer la façon à raison de quatre livres piéce, qui est le prix qu'en payent plusieurs autres Maîtres, à qui ils s'en étoient informés, les Ouvriers ont constamment refusés d'en recevoir ce prix, & d'en faire d'autres au même prix, & ont exigé qu'on leur payeroit cinq livres par chaque chapeau, ce qui feroit tout-à-fait contraire au bon ordre & aux judicieuses intentions des Magistrats sous la protection desquels sont les Communautés : A quoi lesdits Jurés auroient ajouté que de tout tems les Chapeliers ont été obligés de faire regler & taxer par les Magistrats, les prix des façons de tous les Chapeaux, & notamment par notre Sentence contradictoire du 30 Août 1726. qui fixe le prix de la façon de tous les chapeaux & comme on ne faisoit pas dans ledit tems des chapeaux à Plumets, tels qu'on les faits aujourd'hui; les Ouvriers s'en prévalent à exiger qu'on leur paye cent sols, ce qui est d'autant plus déraisonnable qu'en leur payant lesdites façons à raison de quatre livres, un Ouvrier peut gagner jusqu'à trente-deux livres par semaine, & qu'il conviendroit en regler le prix pour le présent & avenir.

La matiere mise en déliberation les Anciens ont dit que la plûpart étoient dans le cas d'avoir payé cent sols desdits chapeaux, ne sachant pas que d'autres Maitres les faisoient faire à meilleur marché. En conséquence, ils ont délibéré, sous votre bon plaisir, de regler la façon des chapeaux de Castors à Plumets à quatre livres piéce, & les demi-Castors à Plumets à trois livres; & qu'il fut défendu à aucun des Maîtres de ladite Communauté de leur payer davantage que le prix fixé par ladite déliberation, sous peine de cinquante livres d'amende, conformément à ladite Sentence du 30 Août 1726. Et pour cet effet ont donné pouvoir auxdits Jurés de faire homologuer lad. Délibération; leur promettant allouer & de faire allouer dans leurs comptes les dépenses qu'ils feroient à l'effet de ladite Déliberation. La Requête à Nous présentée le 21 Avril dernier, votre Ordonnance étant ensuite portant soit montrée au Procureur du Roi, les conclusions définitives du Procureur du Roi, portant consentement à l'homologation de ladite Délibération susdatée pour être exécutée selon sa forme & teneur, & ce que notre présente Sentence fut, à la diligence desdits Jurés de présent en charge, enregistrée sur le Registre de ladite Communauté, imprimée, lûe, publiée & affichée dans le Bureau d'icelle & dans tous les lieux & carrefours accoutumés de la Ville & Fauxbourgs de Paris, & par-tout où besoin sera; & qu'il en seroit distribué un exemplaire imprimé à chacun des Maîtres de ladite Communauté, à ce qu'ils n'en prétendent cause d'ignorance, & & eussent à s'y conformer sous les peines y portées. Tout vû & consideré : NOUS, du consentement du Procureur du Roi, avons ladite Délibération susdatée homologuée pour être exécutée selon sa forme & teneur. Ordonnons que notre présente Sentence sera, à la diligence desdits Jurés de présent en charge, enregistrée sur le registre de ladite Communauté, lûe, publiee, imprimée & affichée dans le Bureau d'icelle & dans tous les lieux & carrefours de cette Ville & fauxbourgs de Paris, & par-tout où besoin sera, & qu'il en sera distribué un exemplaire imprimé à chacun des Maîtres & veuves des Maîtres de ladite Communauté, à ce que nul n'en puisse prétendre cause d'ignorance, ayent à s'y conformer sous les peines y portées, ce qui sera exécuté nonobstant opposition ou appellation quelconque, & sans préjudice d'icelle, en témoin de ce, Nous avons fait sceller ces présentes, ce fut fait & donné par Nous Juges susdits, le trente Avril mil sept cinquante-un.

Signé Lambert, Collationné, Legras. Scellé le 24 Mai 1751. Sauvage.

De l'Imprimerie de la Veuve DAVID, rue de la Huchette, au Nom de Jesus, 1751.

DÉCLARATION DU ROI,

Rendue en faveur de la Communauté des Maîtres & Marchands Chapeliers de la Ville & Fauxbourgs de Paris,

Donnée à Versailles le 22 Novembre 1704.

Régistrée en Parlement le neuviéme Décembre 1704.

LOUIS PAR LA GRACE DE DIEU, ROI DE FRANCE ET DE NAVARRE: A tous ceux qui ces présentes Lettres verront, SALUT. Par notre Edit du mois d'Août 1701. Nous avons ordonné que tous les Officiers de notre Royaume, dont les Offices sont héréditaires ou en survivance de, meureroient maintenus & confirmés dans l'hérédité, à la charge de nous payer par chacun d'eux les sommes pour lesquelles ils seroient compris dans les Rôlles qui seroient arrêtés à cet effet, & les deux sols pour livre d'icelles, qui leur tiendroient lieu d'augmentation de finance; & par Arrêt de notre Conseil du 11 Juillet 1702. Nous avons ordonné que ledit Edit seroit exécuté à l'égard des Communautés & Officiers tant de Judicature qu'autres, qui ont fait réunir à leurs Corps & Communautés des Offices, Droits ou Taxations héréditaires, nonobstant la prétention où ils étoient de n'être point dans le cas de cette confirmation, en conséquence desquels Edits & Arrêts, les Jurés, Garde & Communauté des Maîtres-Marchands Chapeliers de notre bonne Ville de Paris ont été employés pour la somme de vingt-quatre mille livres, & deux sols pour livre, à cause des Offices de Syndics, Jurés & Auditeurs des Comptes de leur Communauté, créés ès années 1691 & 1694, dont nous leur avons ci-devant accordé la réunion ; & comme par autre Edit du mois de Juillet 1702. Nous avons créé par chaque Corps des Marchands & Communautés d'Arts & Métiers de notre Royaume un Trésorier-Receveur & Payeur de leurs déniers communs, lesdits Marchands Chapeliers prenant occasion de ladite Taxe de confirmation d'hérédité, laquelle ils auroient toujours prétendu ne pas devoir ; mais voulant en cela marquer leur soumission à notre égard, & considérant qu'il ne pouvoit y avoir rien de plus avantageux pour leur Communauté, que d'y réunir pareillement ledit Office de Trésorier avec les taxations & droits qui y sont attribués, & les gages tels qu'il nous plairoit d'y attacher, ils nous auroient très-humblement fait ſupplier de leur accorder lad. réunion, & de nous contenter d'une ſomme de trente-un mille ſix cens livres de principal, & de trois mille ſix cens ſoixante liv. pour les 2 ſ. pour l. tant pour la finance dud. Office que pour lad. Taxe de confirmation d'hérédité, laquelle propoſition & offre Nous avons bien voulu accepter, & en conſéquence avons ordonné par Arrêt de notre Conſeil du 30 Janvier 1703, qu'en payant par eux leſdites ſommes en certains termes, ils jouiroient du bénéfice de ladite confirmation, & dudit Office de Tréſorier de Bourſe commune, qui demeureroit uni & incorporé à leur Communauté, avec les Droits, Priviléges & Exemptions y attribués, & de ſept cens livres de Gages actuels & effectifs par chacun an, à commencer du premier du mois de Janvier 1703, même leur avons permis d'emprunter leſdites ſommes, en tout ou partie, &

accordé aux Prêteurs le privilége & hypothéque ſpécial ſur ledit Office, Droits & Gages y attribués; pour l'exécution deſquelles offres, & attendu qu'ils ne ſont pas aſſurés de trouver à emprunter dans le public des deniers ſuffiſans pour les remplir, comme ils n'ont rien tant à cœur que de nous marquer leur zéle, & leur obéiſſance à nos volontés, ils croient qu'ils ſeront obligés de lever par forme de prêt ſur eux-mêmes, ce qui pourra leur manquer, laquelle levée ils ne peuvent faire ſans notre permiſſion; d'aillleurs jugeant néceſſaire de pourvoir à ce que les arrérages des ſommes qu'ils emprunteront du public, & qu'ils leveront par répartition, ſoient exactement payées, même qu'il puiſſe y avoir de tems à autre du revenant bon pour l'employer à l'extinction du principal, ce qui ne ſe peut qu'en impoſant quelques Droits nouveaux ſur les

Visites, & sur les Réceptions, & en se prescrivant des Réglemens qui les maintiennent dans une exacte discipline, & empêchent les abus qui détruisent ordinairement les Communautés les mieux établies, ils ont pris entr'eux, sous notre bon plaisir, des Délibérations contenant quelques dispositions qu'ils désiroient qu'il nous plût autoriser ; & voulant favorablement traiter ladite Communauté des Maîtres-Marchands Chapeliers de notre bonne Ville de Paris, représentée par Philippes Cordélier, Claude Foucher, Denis Cavillier, & Denis Trutat, Jurés, Gardes de ladite Communauté, leur donner des marques de la satisfaction que nous avons de leur obéissance, & leur faire ressentir les effets de notre protection : A CES CAUSES, & autres à ce Nous mouvans, après avoir fait examiner en notre Conseil les Articles & propositions que lesdits Maîtres-Marchands Chapeliers ont fait rédiger par écrit ; ensemble leurs Statuts, lesdites Délibérations prises en leur Communauté, ensemble ledit Arrêt du trente Janvier mil sept cent trois, & de notre certaine science, pleine puissance & autorité Royale, Nous avons ces Présentes signées de notre main, conformément à notre Edit du mois d'Août 1701, à l'Arrêt de notre Conseil du 11 Juillet 1702, & à celui dudit jour trente Janvier mil sept cent trois, maintenu & confirmé, maintenons & confirmons ladite Communauté des Maîtres-Marchands Chapeliers de notre bonne Ville de Paris, dans l'hérédité de leurs Offices de Syndics-Jurés & d'Auditeurs de leurs Comptes, dont nous leur avons ci-devant accordé la réunion : Et de la même autorité que dessus, avons uni & incorporé, unissons & incorporons à ladite Communauté l'office de Trésorier-Receveur & Payeur de leurs deniers communs, créé par notre Edit du mois de Juillet mil sept cent deux, pour jouir par eux des droits, Priviléges & Exemptions y attribués, & en outre de sept cens dix livres de gages actuels & effectifs par chacun an, à commencer du premier Janvier mil sept cent trois, sans que pour raison dudit Office ils soient obligés de prendre aucunes Lettres de Provisions, ni qu'ils soient tenus ci-après d'aucune Taxe d'hérédité, ni autres dont nous les déclarons exempts, à la charge de payer par eux tant pour ladite confirmation d'hérédité des Offices de Syndics-Jurés & d'Auditeurs, que pour led. Office de Trésorier, la somme de trente-un mille six cens livres de principal, sur les Quittances du Receveur de nos revenus casuels, & en attendant l'expédition d'icelles, sur les Récepissés de Me. Jean Garnier que nous avons chargé de ce recouvrement, ou de ses Procureurs & Commis, portant promesse de les fournir, & celle de trois mille cent soixante livres pour les deux sols pour livre, sur les Quittances dudit Garnier; lesdites deux sommes faisant ensemble celle de trente-quatre mille sept cens soixante livres, payables dans les termes portés par ledit Arrêt dudit jour trente Janvier mil sept cent trois; à l'effet de quoi permettons aux Syndics-Jurés & Gardes de ladite Communauté, de présent en charge, d'emprunter, conformément audit Arrêt, ou d'imposer, si fait n'a été, sur tous les Maître de ladite Communauté par forme de prêt, le plus équitablement que faire se pourra, la somme de trente-quatre mille sept cens soixante livres, & celle de mille livres, pour fournir à la dépense desdits emprunts, suivant l'état de la répartition qui en sera arrêté par le sieur d'Argenſon, Maître des Requêtes, Lieutenant général de Police de notre bonne Ville & Fauxbourgs de Paris; lequel état nous entendons être exécuté ſelon ſa forme & teneur, & les dénommés en icelui contraints au paiement des ſommes pour leſquelles ils y seront employés, par les voies, & ainſi qu'il eſt accoutumé pour nos deniers & affaires. Voulons que ceux qui prêteront aient privilége & hypothéque ſpécial ſur leſdits gages & droits attribués audit Office de Tréſorier; comme auſſi ſur les deniers qui ſeront levés par augmentation en conſéquence des Préſentes, & généralement ſur tous les biens, effets & revenus de ladite Communauté; & que les arrérages leur en ſeront payés d'année en année, à raiſon du denier vingt. Et pour donner moyen à ladite Communauté, non-ſeulement de payer annuellement leſdits arrérages, mais encore d'acquitter de tems à autre quelque chose sur le principal en sorte qu'elle soit libérée le plus promptement qu'il sera possible, comme aussi pour maintenir la discipline qui doit être entre eux & empêcher les entreprises qui se font sur leur profession, Nous avons par ces mêmes Présentes dit, statué & ordonné; disons, statuons, & ordonnons, voulons & nous plaît ce qui ensuit.

ARTICLE PREMIER.

QU'IL sera payé vingt sols d'augmentation par chacun des Maîtres de ladite Communauté à chacune des quatre Visites qui se font annuellement, à l'exception de ceux qui ne vendent que du vieux, qui paieront seulement chacun dix sols à chacune des quatre Visites, outre les autres droits qui se paient ausdites Visites en exécution de notre Déclaration du vingt-deuxiéme Mai mil six cent quatre-vingt onze; lesdits Droits de Visite, faisant en tout cinquante sols pour les premiers, & trente sols pour ceux qui vendent du vieux, sans que les Anciens qui ont passé la Jurande & ceux qui la passeront à l'avenir, & ont payé la somme de six cens liv. pour y entrer, ni leurs Veuves durant leur viduité, soient tenus desdits Droits de visites.

ARTICLE II.

QUE les Fils de Maître nés avant la Maîtrise de leur pere, paieront chacun pour leur réception la somme de trois cens livres, outre les frais ordinaires des Fils de Maître nés depuis la Maîtrise de leur pere.

ARTICLE III.

QU'IL sera payé par chacun Apprentif trente livres d'augmentation pour chaque enregistrement ou Brevet d'Apprentissage, outre & par-dessus les frais ordinaires, conformément à l'Arrêt de notre Conseil du quinze Janvier mil sept cent trois : à l'effet de quoi les Maîtres qui obligeront lesdits Apprentifs, seront tenus de faire enregistrer les Brevets d'Apprentissage au Bureau de ladite Communauté un mois après pour tout delai, à peine de cent livres d'amende, applicable au paiement des rentes de ladite Communauté.

Article IV.

Que pour faciliter le paiement de ladite somme de trente-quatre mille sept cens soixante livres, tant en principal, que deux sols pour livre, tous Maîtres & Maîtresses de ladite Communauté, tant pour ceux qui sont actuellement la Profession, que ceux qui ont renoncé à la Maîtrise depuis le vingt-un Mars mil six cent quatre-vingt onze, seront tenus de prêter à ladite Communauté, les sommes pour lesquelles ils seront employés dans l'état de répartition, dont il leur sera fait rente au denier vingt, jusques à l'entier & parfait remboursemement; & qu'au paiement desdites sommes, ils seront contraints comme pour nos propres deniers; & les Anciens qui seront en demeure, seront privés & déchûs des Droits attribués en cette qualité, & exclus de toutes Assemblées, jusques à ce qu'ils aient payé leur cotte-part, sans néanmoins que ceux qui ont renoncé, & fait signifier leurs renonciations à lad. Communauté depuis ladite année mil six cent quatre-vingt-onze, soient sujets à aucuns Droits de Visite.

Article V.

Défendons aux Compagnons de ladite Communauté de faire aucune assemblée dans quelques endroits que ce soit, sous prétexte de Confrérie ou autrement, même dans les lieux privilégiés, ou prétendus privilégiés à peine de punition.

ARTICLE VI. ET DERNIER.

ET d'autant qu'il est du bien public, que la Police de notre bonne Ville de Paris & des Fauxbourgs soit uniforme & observée également, permettons aux Syndics & Jurés de ladite Communauté de faire leurs Visites dans les maisons des Chapeliers du Fauxbourg Saint Antoine, dans le Temple, dans l'Abbaye Saint Germain des Prez, dans l'Enclos de Saint Jean de Latran, de S. Denis de la Chartre, dans la rue de l'Oursine, dans les Colléges ou autres lieux & endroits privilégiés, ou prétendus tels de notredite Ville & Fauxbourgs de Paris; comme aussi de ceux qui exercent la Profession de Chapelier à titre de Privilége du Prevôt de notre Hôtel ou autrement, sans néanmoins que lesdits Jurés puissent prétendre aucuns droits de Visites desdits Chapeliers à titre de Privilége, ni de ceux qui exercent ladite Profession dans les lieux Privilégiés, à moins que lesd. Chapeliers ne fussent aussi Maîtres de ladite Communauté. VOULONS au surplus que les Statuts, Articles, Ordonnances, Déclarations, Arrêts & Reglemens rendus en conséquence en faveur de lad. Communauté, soient exécutés selon leur forme & teneur en ce qu'ils ne sont contraires à ces Présentes. SI DONNONS EN MANDEMENT à nos amés & féaux Conseillers les gens tenans notre Cour de Parlement à Paris, que ces Présentes ils aient à faire lire, publier & registrer, & du contenu en icelles faire jouir & user lesdits Jurés, Gardes & Communauté des Maîtres-Marchands Chapeliers de notre bonne Ville de Paris, selon leur forme & teneur, cessant & faisant cesser tous troubles & empêchemens contraires; CAR tel est notre plaisir; En témoin de quoi Nous avons fait mettre notre Scel à cesdites Présentes. DONNÉ à Versailles le vingt-deuxiéme jour de Novembre, l'An de Grace mil sept cent quatre; & de notre Régne le soixante-deux. Signé, LOUIS. Par le Roi, PHELYPEAUX. Vû au Conseil, CHAMILLART.

Registrées, Ouï le Procureur Général du Roi, pour jouir par ladite Communauté de leur effet & contenu, & être exécutées selon leur forme, & suivant & aux charges portées par l'Arrêt de la Cour. A Paris en Parlement le neuviéme jour de Décembre mil cent quatre. Signé, DU TILLET.

EXTRAIT DES REGISTRES

du Parlement.

VU par la Cour les Lettres Patentes du Roi, données à Versailles le 22 Novembre 1704. Signées LOUIS : Et plus bas, Par le Roi, PHELIPEAUX, & scellées du grand Sceau de cire jaune, obtenues par les Jurés-Gardes & Communauté des Maîtres - Marchands - Chapeliers de cette Ville de Paris, par lesquelles pour les causes y contenues le Seigneur Roi a maintenu & confirmé ladite Communauté dans l'hérédité des Offices de Syndics-Jurés & Auditeurs des Comptes d'icelle ci-devant réunis à ladite Communauté, à laquelle le Seigneur Roi a incoporé par lesdits Lettres l'Office de Recêveur &

Payeur de ses deniers communs, en payant par elle la somme de trente-un mil six cens livres, avec les deux sols pour livre, & lui a permis d'emprunter ou d'imposer sur elle à cet effet, ces déniers nécessaires, & ainsi que plus au long le contiennent lesdites Lettres à la Cour adressantes. Vû aussi les Statuts de ladite Communauté, ces Lettres Patentes expédiées sur iceux, au mois de Mars mil six cent cinquante-huit, l'Arrêt d'enregistrement d'icelles en ladite Cour du trente Juillet mil six cent cinquante-huit. Acte de délibération de ladite Communauté du huit Mars mil sept cent trois. Requête afin d'enregistrement desdites Lettres, conclusions du Procureur Général du Roi: Ouï, le rapport de Maître Robert Bouveau, Conseiller: Et tout considéré. NOSTREDITE COUR a ordonné & ordonne, que lesd. Lettres seront enregistrées au Greffe d'icelle, pour jouir par ladite Communauté de leur effet, & contenu à être exécutes selon cette forme & teneur, à la charge par ladite Communauté de rendre compte tous les ans de l'emploi desdits deniers, pardevant le Lieutenant Général de Police & le Substitut du Procureur Général du Roi au Châtelet. FAIT en Parlement le neuf Décembre mil sept cent quatre. Collationné. Signé, DU TILLET.

De l'Imprimerie de la Veuve LOTTIN, rue S. Jacques, à la Vérité. 1755.

www.ingramcontent.com/pod-product-compliance
Ingram Content Group UK Ltd.
Pitfield, Milton Keynes, MK11 3LW, UK
UKHW031913260826
14628UKWH00003B/1167

9 782329 438610